高校师生协同创新工作坊研究

李　健◎著

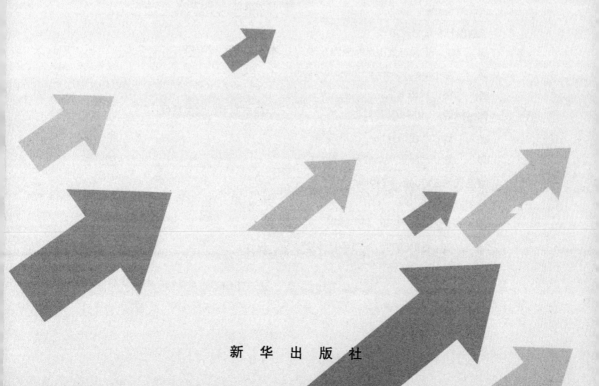

新华出版社

图书在版编目（CIP）数据

高校师生协同创新工作坊研究 / 李健著 . 一北京：新华出版社，2020.10

ISBN 978－7－5166－5427－9

Ⅰ.①高… Ⅱ.①李… Ⅲ.①高等学校—创新管理—研究—中国 Ⅳ.①G647

中国版本图书馆 CIP 数据核字（2020）第 192771 号

高校师生协同创新工作坊研究

作　　者：李　健

责任编辑：徐　光　　　　　　　　　　封面设计：中联华文

出版发行：新华出版社

地　　址：北京石景山区京原路 8 号　　　邮　　编：100040

网　　址：http：//www.xinhuapub.com

经　　销：新华书店

购书热线：010－63077122　　　中国新闻书店购书热线：010－63072012

照　　排：中联学林

印　　刷：三河市华东印刷有限公司

成品尺寸：170mm×240mm

印　　张：16　　　　　　　　　　　字　　数：280 千字

版　　次：2020 年 10 月第 1 版　　　印　　次：2020 年 10 月第 1 次印刷

书　　号：ISBN 978－7－5166－5427－9

定　　价：62.00 元

图书如有印装问题，请与印刷厂联系调换：0316－3312202

前　言

　　我们对大学的四重职能耳熟能详，即教学、研究、社会服务与文化传承。对于教学，大家都知道其重要性，但"说起来重要，做起来次要，忙起来不要"并非个别现象。因此，才会有教育部强制规定教授必须为本科生上课，才会有在教师专业技术职务晋升中施行本科教学工作考评一票否决制。2018 年 9 月，教育部发布《教育部关于加快建设高水平本科教育全面提高人才培养能力的意见》（教高〔2018〕2 号），这是对国内本科教学工作的系统反思，也是对提升人才培养质量的全面布局。

　　提升人才培养质量是一个系统工程，随着工作的不断推进，各地区、高校都出台了相应的改革措施和支持政策。在这些政策或措施中，人才培养方式的变革是重要一环。高校传统的人才培养模式主要是班级授课制和社团制，此外还有导师制、联合培养等卓越人才培养模式。学分制、绩点制等属于成绩评定方式，不能算真正的人才培养模式。党团、学工、教务、科研等机构组织的学生活动、第二课堂等学习内容，是对正式课程的有效补充，也不算主要的培养模式。前述这些人才培养模式各有优势，相应地也存在不足。从实践来看，这些人才培养模式都或多或少存在组织形态内部治理有效性偏低的问题。工作坊教学首先运用于工程设计、规划设计等领域，逐渐在高校教育教学领域大放异彩，无论是指向团队专业发展的教师工作坊，还是指向学生学习的实践教学工作坊，国内不少高校都在持续尝试。

当然工作坊模式并不能包治百病。因其具有规模可控、传承有序的特点，或许能在卓越人才培养，尤其是创新人才培养领域大放异彩。笔者组建了高校师生协同创新工作坊，从实践来看的确对传统人才培养模式起到了补充、革新的作用。为了探寻高校师生协同创新工作坊内部运作规律和发展机制，因此产生了系统研究这一组织形态的动机。

《高校师生协同创新工作坊研究》分为两个部分，第一部分是理论溯源，从第一章至第四章。第一章为选题缘起，从推动高校创新创业教育的应然选择、落实高校强基计划的优选路径、建设高水平本科教育的创新探索三方面展开论述。第二章为研究界定，包括高校师生协同创新工作坊的界定、相关概念辨析、要素分析。第三章为研究进展，包括工作坊研究的理论基础、国外工作坊研究、工作坊研究在中国、工作坊研究的趋势。第四章为研究价值，包括研究高校师生协同创新工作坊的理论意义、现实意义、特色分析、创新点。第二部分是行动方略，从第五章至第九章。第五、六章列举了高校师生协同创新工作坊的组织结构，包括预培学院、元培学院、论著工作坊、创竞工作坊、课程工作坊、研习工作坊、社会服务工作坊、生涯规划工作坊。第七章论述了高校师生协同创新工作坊的OPSP运作模式，包括产出、问题、专家、流程。第八章论述了高校师生协同创新工作坊的内部治理，包括基于双向选择开展坊员遴选及考察、基于全人理念设计坊员发展内容、基于 AB 角互补规划坊员分工、基于绩效达成建构四段四维工作机制。第九章论述高校师生协同创新工作坊的外部支持，包括经费支持、师资支持、场地设备支持、项目支持、激励机制、宣传推广等。

　　总的来说，协同、创新、工作坊三者耦合，是希望为高校人才培养改革提供一种视角，为建设高水平本科教育和研究生教育提供一种选择，为当代大学生成人成才提供一种支持模式。

　　本书可供高校创新创业教育专业教师使用，也可供高等教育管理者参考，还可为致力于大学生创新研究的学者提供样本。对于本科生、研究生或其他高校教师而言，若想建设或参与创新类组织、平台，此书可提供框架性支持。对于其他关心、支持高等教育事业或大学生发展与教育的人士而言，此书也能提供某种参考。

目　录
CONTENTS

第二部分　行动方略

第一部分 01

理论溯源

第一章

选题缘起

一、推动高校创新创业教育的应然选择

（一）我国高校创新创业教育起源及发展

高校创新创业教育起始于美国。1947 年哈佛大学为 MBA 学生开设创业课程，其中主要包括职业技能培训。学者普遍认为这是高校创新创业教育的开端，尽管当时创业教育还没有引起普遍重视。[①] 相对而言，我国高校创新创业教育起步较晚，20 世纪后期才开始起步。[②] 从 20 世纪 90 年代开始，我国高校逐步重视和加强创新创业教育，在课程体系、师资队伍、创新竞赛、创业实践等方面，着力探索建立具有中国特色的创新创业教育体系，既取得了历史性成就，

[①] 关晓辉等. 大学生创新创业教育的研究与实践 [J]. 中国电力教育，2014（4）：181—182.

[②] 商慧. 高校创新创业教育模式研究 [D]. 南京理工大学，2017：4.

也存在一些现实性问题。①

　　进入 21 世纪，我国高校创新创业教育进入发展快车道，国家颁布了系列支持创新创业的文件，如《国务院关于加快科技服务业发展的若干意见》（国发〔2014〕49 号）、《中共中央国务院关于深化体制机制改革加快实施创新驱动发展战略的若干意见》（中发〔2015〕8 号）、《国务院关于大力推进大众创业万众创新若干政策措施的意见》（国发〔2015〕32 号）、《国务院关于积极推进"互联网＋"行动的指导意见》（国发〔2015〕40 号）、《国务院办公厅关于发展众创空间推进大众创新创业的指导意见》（国办发〔2015〕9号）。②

　　2015 年 5 月，国务院办公厅印发《关于深化高等学校创新创业教育改革的实施意见》（国办发〔2015〕36 号），进一步强调：以创新引领创业，以创业带动就业，主动适应经济发展新常态，以提高人才培养质量为核心，坚持育人为本，坚持问题导向，坚持协同推进，提升大学生创新创业能力，促进毕业生高质量创业就业。③ 至此，我国高校创新创业进入新阶段，各高校对创新创业教育无比重视，纷纷成立创新创业学院，创新创业教育热度持续高涨。

　　（二）高校创新创业教育面临的主要挑战

　　国内高校创新创业教育面临的主要挑战表现在以下三个方面。

---

① 丁玉斌，刘宏达. 大数据时代高校创新创业教育的挑战、问题与对策［J］. 学校党建与思想教育，2018（21）：72—76.
② 关于创新创业的相关文件目录［DB/OL］. https：//wenku. baidu. com/view/28f2172fab8271fe910ef12d2af90242a995ab11. html，2020－05－04.
③ 国务院办公厅. 关于深化高等学校创新创业教育改革的实施意见（国办发〔2015〕36 号）［Z］. 2015－05－13.

第一，师资队伍不成熟。主要表现在四个方面：一是教师缺乏创新创业教育理念；二是创新创业教育教师队伍质量不足；三是教师综合能力不足；四是校外导师队伍不成熟。①

第二，组织形态不科学。目前，国内高校的创新创业教育组织主要有三种类型：一是依托经管学院或独立建制的二级学院单位；二是依托学校单个职能部门或独立建制的实体行政管理机构；三是相关育人主体组成的虚拟行政管理机构或者行政职能部门联席机制。② 加之，创新创业教育在高校中多由学生工作部、教务处、团委、就业指导中心等不同的职能部门承担不同的培养职能，各部门工作重心不同，各有侧重，缺乏必要的沟通协调，难以形成系统化的培养合力。③

第三，创新创业产出不明显。一方面，很多高校依然停留在竞赛模式，为竞赛而创新，不能与专业教育和人才培养紧密结合，无法及时关注社会需求和产业动态，与经济社会发展脱节，难以形成开放的育人生态。另一方面，政府、企业、社会等主体的参与度低，多数学生的创新创业活动由于缺乏必要的社会实践场所或企业应用环境而停留在"纸上谈兵"阶段，高校"智力富矿"的优势难以发挥。④

（三）破解高校创新创业教育难题的选择

第一，师生协同破解师资不足难题。创新创业教育的师资不足，

---

① 董青，黄景荣. 安徽省工科高校创新创业教育人才培养现状及对策——以合肥工业大学为例 [J]. 合肥工业大学学报（社会科学版），2017，31（6）：140—144.

②-④马金平，胡玉翠. 高校创新创业教育改革探索与实践——以山东大学为例 [J]. 继续教育研究，2020（3）：64—67.

5

一方面是客观上的原因，高校的确缺乏专业的引领学生从事创新创业的导师。另一方面是主观上的原因，即高校教师习惯了从自身教学、研究、社会服务等视角来成长，很难看到通过引领学生发展来实现自我发展，故从事创新创业教育的内在动力不足。而工作坊模式在一定程度上能化解这两方面的难题。其一，工作坊内部的学生可以成为导师。通过培训和实战，工作坊的坊员可以传帮带，替代高校教师的功能，因此可以缓解导师绝对数量不足的问题。其二，教师担任协作导师能促进自我成长。在工作坊内部，导师能通过首席引导作用，带领学生紧跟自己的项目，不仅能解决人力资源的问题，还能反向提升自己的项目设计、运作、转化等能力。

第二，工作坊形态破解组织形式松散问题。上文论及目前高校创新创业组织形态还不够成熟，往往是九龙治水，效率较低。而工作坊因其规模适度的特性，能够破解创新创业组织机构松散之问题。其一，工作坊师生间形成紧密传承关系。因为工作坊规模适度，师生间共处时间较多，形成了紧密传承关系，师生之间信息传递快速有效。其二，工作坊坊员间形成协同合作关系。坊员可以采用梯队建设，而且坊员彼此也有手口相传的职能，他们之间既有协同，又有合作，能够团结一致完成创新任务。其三，工作坊兼具专业传承和行政管理双重功能。首先工作坊要进行专业传承，即创新研究。其次工作坊要进行内部治理和对外联络，以提升运行的流畅性和有效性。

第三，综合创新的价值取向破解产出低水平问题。工作坊实质上是一个平台，是一个基地，是学生迈向创新的起跑线，是坊员通往卓越的桥梁。正因为工作坊有这种综合育人、综合创新的价值取向，才能破解单一产出取向的低效问题。其一，工作坊立足创新意识和创新能力培养。工作坊作为一个创新平台，立足于长远，关注坊员创新基础培养，激发学生的创新意识与能力，其产出周期可能延伸到毕业后甚至更远。其二，工作坊破除为了竞赛而创新的狭隘思维。工作坊重视创新竞赛，但不功利地攀比竞赛数量和质量，而是更看重学生项目设计、创新运作、创新成果转化等方面。其三，工作坊从人才培养模式角度设计多元产出机制。立足于人才培养，工作坊的产出项目包括论著、竞赛等创新成果，也包括因创新成绩接受高一级学历教育，还包括通过社会服务方式创新，甚至包括为就业和职业发展所做的创新准备等。

二、落实高校"强基计划"的优选路径

（一）国家强基计划的背景及部分高校培养计划

2020年1月15日，教育部制定出台了《关于在部分高校开展基础学科招生改革试点工作的意见》，明确提出在"双一流"建设高校试点，招收基础学科优秀的考生，重点强化数学、物理、化学等基础学科的核心地位，重点培养高端芯片与软件、智能科技等高端创新领域的急需人才。"强基计划"把高校参与招生的方式延伸到了培养阶段，鼓励高校探索新的培养模式，如试行单独编班、导师制、建立专业化培养的"招培一体化模式"等。① 以下是几所高校有关

---

① 全守杰，华丽. "强基计划"的政策分析及高校应对策略 [J]. 高校教育管理，2020，14（3）：41—48.

"强基计划"培养方案的设计。①

复旦大学"强基计划"录取学生实行全面导师制。为每名学生配备学业导师，让学生根据自己的兴趣和志向自主选择导师，保证学生在学业安排和规划方面能得到针对性的指导和帮助。此外，"强基计划"录取学生独立编班，进行小班化培养和管理。"强基计划"班级课程按照相应的培养方案有针对性地开设并考核，考核内容包括学习成绩、荣誉课程学习情况、课题研究、科研志趣、综合素养等。

中国人民大学从今年开始在汉语言文学（古文字学方向）、历史学、哲学三个专业启动"强基计划"，采用通专结合、本硕博有机衔接的课程体系，在高年级打通研究生课程学习，学生在学术导师组的指导下，依据其个性化特征和发展规划构建个性化培养方案，实施学分制管理。

浙江大学强化科教协同育人，结合国家重大科技基础设施、国家重点实验室、前沿科学中心等重大科研平台所承担的重大科研项目，通过科教协同和学科交叉加强"强基计划"学生的创新能力培养。

中国农业大学"强基计划"实行本硕博衔接培养，采用"3＋5"培养模式，学习时间不少于8年；实施"一体两制三化"协同育人，即以"强基计划"为载体，实施学分制、导师制，探索小班化、混合化、国际化育人机制。

---

① 依琰. 高校"强基计划"进入实施阶段 ［N］. 中国商报，2020－05－13（003）.

（二）目前某些高校"强基计划"培养方案的普遍特征

一是导师制。导师制有两个显著特征，第一，个人传承。即导师个人通过言传身教，将研究方法、研究程序、研究设计等教授给学生。第二，大师培养。实施"强基计划"的36所高校，是国内顶尖甚至世界顶尖的高校，为学生配备的导师均是行业领域领军人才，这种大师培养会对学生的思维发展、研究风格、研究前瞻性等产生巨大影响。

二是资源倾斜。几乎所有的试点高校都向"强基计划"进行资源倾斜，具体包括：第一，集中优势资源，包括师资、平台、软件等，都提供学校最优的资源配置。第二，小班化教学。可能班额在十余人甚至数人。第三，独立编班。从班级规模、班级管理、班级经费等方面予以保障。

三是课程优选。因为对"强基计划"学生实施单独的培养方案，其课程设计将与常规专业不同。立足培养基础研究的拔尖人才这一目标，预计课程会呈现几个特点：第一，高阶性课程，即课程具有一定挑战性，学习难度会大于普通专业。第二，个性化课程，可能为某几个人或者某个人专设某门课程，以达到培养目的。第三，前瞻性课程，可结合研究领域最前沿的走向或者与导师最新研究的项目相融合。

四是综合化培养。"强基计划"培养基础学科的核心素养，可能采取某些特殊的培养模式。第一，国际化培养，比如参与国际化的项目、学习国际化课程、进行中外联合培养，等等。第二，本硕博联合培养，打通各阶段升学渠道，为学生专业化发展提供立体通道。第三，混合化培养，可能采取文理混合培养、校外校内混合培养、跨专业混合培养等方式。

（三）师生协同工作坊解决学生学习组织方式活力不足的问题

"强基计划"还是新生事物，其设计意图是明确而美好的，但如何培养是当前的首要问题。从各高校披露的信息来看，大多还是沿袭资源倾斜的价值取向，对学生培养的组织方式多是采用小班化教学和导师制。笔者认为，这些传统的卓越乃至拔尖人才培养的组织方式有其优势，但也有先天不足。一定程度上工作坊模式可以解决传统学习组织方式活力不足的问题。

第一，工作坊可降低导师个人特征对学生的影响。导师制的优点不言自明，但导师制对学生个人发展的影响非常显著，有时可能不利于学生的发展。导师的个人风格对学生起着决定性影响，导师个人的偏好也对培养方式起着巨大的限制作用，导师的好恶也影响着学生的学习选择权和发展权。工作坊可以实行多导师制，让学生有选择的余地。同时，工作坊可能产生学生导师，以降低对教师导师的依赖。

第二，工作坊可实现资源倾斜的整合与最优化。对于"强基计划"的培养方案，大多提出了资源倾斜的选项，但这些资源如何形成合力？资源的利用如何达到最佳状态？大学的管理多倾向于宏观和松散，对学生的具体管理并不精细。工作坊能在内部设计协同与调适功能，实现资源倾斜的整合与最优化。

第三，工作坊可化解课程的创新实施问题。课程的设立仅仅提供了有利于学生发展的跑道，"强基计划"课程学习如何区别于常规的课程学习？如何让学习过程具有创新的特质？这可能是"强基计划"课程实施面临的问题之一。工作坊可以通过内部创新，让师生的课程学习进行二次改良或改造，并通过组织形态创新来带动课程实施创新。

第四，工作坊可理顺综合化培养的管理问题。对"强基计划"学生采用综合化培养，必将带来管理上的挑战。这部分学生是善于学习的，但传统的大学导师制、班级授课制、社团制等，都不足以激发学生的最佳学习动机，因为实现这些学生的发展目标不仅要具备坚实基础，还要具备创新驱动。工作坊规模适度，一般小于班级和社团，大于导师制团队，这样的规模有利于进行内部治理，为校内外联合培养、跨专业混合培养、文理融通培养等综合培养方式提供管理方案。

三、建设高水平本科教育的创新探索

（一）高水平本科教育倒逼高校人才培养模式改革

2018 年 6 月 21 日，教育部在四川成都召开新时代全国高等学校本科教育工作会议，强调要全面贯彻落实习近平总书记 5 月 2 日在北京大学师生座谈会上的重要讲话精神，坚持"以本为本"，推进"四个回归"，加快建设高水平本科教育、全面提高人才培养能力，造就堪当民族复兴大任的时代新人。[①] 2018 年 9 月 17 日，教育部发布《教育部关于加快建设高水平本科教育全面提高人才培养能力的意见》（教高〔2018〕2 号），提出"紧紧围绕全面提高人才培养能

---

① 建设一流本科教育：150 所高校联合发出《成都宣言》[J]. 西部素质教育，2018，4（14）：203.

力这个核心点，加快形成高水平人才培养体系，培养德智体美劳全面发展的社会主义建设者和接班人，加快建设高水平本科教育"。[①]建设高水平本科教育的根本在于人才培养，必须对传统人才培养模式进行改革或创新。没有人才培养模式的创新，就不可能出现人才培养质量的提升，也不可能建成高水平本科教育，这是一种倒逼机制。

（二）当前高水平本科教育落地的主要措施是建设一流专业、一流课程、一流师资，主要面向全体学生

国内各地教育管理部门相继出台了促进建设高水平本科教育的文件或实施细则，不少高校也专门予以相应的管理改革来推动。总体上看，和人才培养直接相关的措施大体上包括建设一流专业、一流课程和一流师资。一流专业主要是通过培养方案的创新和方案实施的调适来实现，另外增加对专业建设的投入以优化资源。一流课程主要是通过建设金课，打通线上、线下或混合式课程学习通道等措施来落地。一流师资主要是强调培育教学名师、建立教师荣誉制度、职称评聘单列教学岗位、要求教授必须为本科生授课等措施。

（三）师生协同工作坊可作为高水平本科教育的标志性组织形式，为拔尖人才培养提供先行试点

通过前述分析，当前各高校对建设高水平本科教育主要还是通过投入、资源匹配、专业建设等来实现，仍然没有触及对人才培养

---

① 王瑶琪，尹玉. 加快建设高水平本科教育 [J]. 中国大学教学，2019（5）：10—13.

的组织形态改革。当前高校人才培养主要通过班级授课制、社团、导师制等方式，对学生学习形态的组合还少见工作坊模式。师生协同创新工作坊可以作为一种试点，尤其是作为一流拔尖人才培养的尝试，可在组织形态建设、运作机制革新、培养产出检验等方面先行先试，提供经验参照。

第二章

研究界定

一、高校师生协同创新工作坊的界定

（一）师生

本著作所指的师生，主要是高等学校在校教师与学生，也涉及行业人员在高校工作坊担任指导教师职务。特殊情况下，学生也可成为老师，即学生导师。

（二）协同

德国物理学家哈肯（H. Haken）创立的"协同学（Synergetics）"意为"协调合作之学"。① "系统的行为并不是其子系统行为的简单叠加，而是所有子系统相互配合对整个系统的贡献，好像是有指挥、有目的地组织起来的。"② 哈肯认为，协同是指系统之中各子系统合

---

① ［德］赫尔曼·哈肯. 协同学：大自然构成的奥秘［M］. 凌复华，译. 上海：上海世纪出版集团，2005：1.
② 李志才. 方法论全书（Ⅲ）：自然科学方法［M］. 南京：南京大学出版社，1995：176.

作、协调、联合的过程，系统通过协同来实现结构的有序化，并形成自组织行为。虽然协同学最先来源于自然科学的研究，但"协同学抓住了不同系统中存在的共性，用共同的数学模型去研究各个学科不同的现象，因而具有方法论"。① 协同学研究的对象是系统，这一对象必须具备复杂系统、开放系统、系统内部存在非线性作用、系统远离平衡状态、系统随机涨落等特征。②

本著作所称之协同，即高校师生创新工作坊这一组织的动力机制。主要是指高校师生创新工作坊内部各要素之间合作、协调、联合的运行过程，是工作坊从无序向有序发展的自组织行为，是促进工作坊向高水平发展的动力之源。

（三）工作坊

"工作坊"属于外来词，通常与英文"workshop"相对应。《朗文当代英语大辞典》上"workshop"有两层含义：一是工场、车间、作坊；二是研讨会、专题讨论会、研习班。学术研讨会上所使用的"workshop"即为第二层的含义。"工作坊"最早出现在教育与心理学的研究领域之中。③

关于"工作坊"的定义倾向大致有三类。第一是将工作坊视为一种操作技能，尤其体现在艺术等领域。如认为"工作坊"是指集

---

① 沈小峰，郭治安. 协同学的方法论问题 [J]. 北京师范大学学报（自然科学版），1984（1）：91.
② 张立荣，冷向明. 协同治理与我国公共危机管理模式创新——基于协同理论的视角 [J]. 华中师范大学学报（人文社会科学版），2008（3）：11—19.
③ 鲁帅. 工作坊：班主任专业发展的新路径 [D]. 华中科技大学，2013：9.

中在某一特定领域的技术和技巧。① 尤其认为"工作坊"是带有古老学徒式作坊生产模式理念或口耳相传的关于艺术的创作的隐秘路径。②

第二种定义倾向，是将"工作坊"定义为某种学习方式或模式。工作坊（workshop）是一种聚焦问题与主题、共同探讨、在合作共同体中提升自我的学习方式。③ "工作坊"是一种集体验式、参与式、互动式于一体的学习模式，它能够将所学知识融会贯通，参与者可以获得丰富的成长体验。④

第三种定义倾向，是将"工作坊"定义为某种组织模式。工作坊通常是由 10～20 名成员组成一个小团体，以一名在某个领域富有经验的主持人为核心，成员在其指导之下，通过活动、讨论、短时演讲等多种方式共同探讨某个话题的组织模式。⑤

在教育领域，德国包豪斯学院最早将工作坊运用于教学，视其为一种实践场所。该学院进行理论讲授教学和"工作坊"实践教学并行的教学模式，即工作坊教学模式。⑥ 在教学过程中，担任艺术形式课程的教师被称为"形式导师"，教授其理论课程，并引领其专

---

① 顾明远，檀传宝. 2004：中国教育发展报告——变革中的教师与教师教育 ［M］. 北京：北京师范大学出版社，2004：79.
② 欧阳明. 做一名学习型教师——教师专业发展的务实行动 ［M］. 上海：华东师范大学出版社，2010：56.
③ 黄庆玲，李宝敏，任友群. 教师工作坊在线讨论深度实证研究——以信息技术应用能力提升工程教师工作坊为例 ［J］. 电化教育研究，2016，37（12）：122.
④ 郑碧波. 工作坊式协作学习教学模式研究 ［J］. 中小学心理健康教育，2010（16）：13.
⑤ 王雪华. 工作坊模式在高校教学中的应用 ［J］. 当代教育论坛（管理研究），2011（8）：29.
⑥ 黄越. 工作坊教学模式下的大学教师角色——以翻译课堂教学为例 ［J］. 大学教育科学，2011（6）：56—60.

业的发展；而担任技术、手工艺制作课程的教师被称为"工作室师傅"，负责辅助指导其实践教学。由于实践环节需要特定的场地，因此学生日常实践空间——工作坊逐渐成为实践环节的核心，以此形成的实践模式亦被称为"工作坊教学"。①

1960年美国劳伦斯·哈普林（Lawence Harplin）将"工作坊"的概念引入到都市计划之中，成为可以提供给各种不同立场、族群的人们思考、探讨、相互交流的一种方式，甚至在争论都市计划或是对社区环境议题讨论时成为一种鼓励参与、创新，以及找出解决对策的手法。② 在哈普林看来，工作坊实际上就是主持者、参与者通过交流、讨论共同合作完成具体工作或讨论议题。从此，工作坊的内涵被进一步拓展，代表了一种基于专题的研究性议事模式。后来，一些高校将工作坊的概念引入教学过程当中，工作坊逐渐发展成一种有明确主题，注重学生的参与和自主学习，通过相互交流、讨论和分享解决实际问题的学习方式。如今，工作坊已经成为国际上较为流行的一种教学活动组织模式。③

本著作认为，工作坊作为一种组织模式和学习方式，主要聚焦于解决特定问题和培养特定专业人员，既是一种由不同人员构成的实体，也是一套具有自组织特点的动力系统。

---

① 刘禹，王来福. 基于工作坊的高等教育实践教学体系的研究 [J]. 东北财经大学学报，2009（1）：94.
② [德] 沃尔夫冈·布列钦卡. 教育科学的基本概念：分析、批判和建议 [M]. 胡劲松，译. 上海：华东师范大学出版社，2001：11.
③ 郭朝晖. 工作坊教学：溯源、特征分析与应用 [J]. 教育导刊. 上半月，2015（5）：83.

（四）创新工作坊

"创新工作坊"依托工作坊这种组织形态，在其取向中加入了创新要素，普遍应用于企业的问题解决。即基于企业战略、业务发展和客户需求的真实问题，定制针对性解决方案，依托团队引导技术付诸实施，提供解决问题的具体思路、方法和措施。①

在人才培养领域，研究机构采用了创新工作坊模式。纽约科学院设立创新工作坊，以项目式学习为主导，以参训教师为中心促进其通过团队协作、知识共享共同解决真实情境中的问题。创新工作坊以持续创新的理念和步骤帮助参训教师提升对创新的认知，掌握持续创新的方法。②

国内一些高校也在技能型人才培养中运用了工作坊模式，宁波职业技术学院的"技能创新工作坊"以学生为主体，技能为核心内容，工作坊为载体，将工作坊的先进理念引入实践教学中。③

本著作所指创新工作坊，是培养特定创新意识和创新能力，掌握创新方法，形成创新技能，运作创新项目，开发创新产品的一种组织形态，具有通过团队协作解决问题的动力机制。

（五）高校师生协同创新工作坊

我国高校已有师生协同创新的实践设计，比如职业院校的技能竞赛团队，研究性高校教师和学生围绕共同目标开展互补协作的创

---

① 盛湘."创新工作坊"的理论基础与现实条件探析［J］. 石油化工管理干部学院学报，2017，19（5）：6.

② 张翔，郑俊涛. 纽约科学院课程对国内 STEM 教育的升华——基于纽约科学院创新工作坊实践的体会与设计［J］. 中国信息技术教育，2017（19）：49.

③ 杨天挺. 学生技能创新工作坊的应用——以宁波职业技术学院海天分院为例［J］. 宁波职业技术学院学报，2012，16（1）：27.

新活动,① 这些创新型组织采用共同交流与讨论解决实际问题,强调学生的参与性与自觉性。②

这些组织以创新为取向或目标,以协同为运行方式,但少有直接将协同、创新、工作坊三者联合起来。

本著作认为,高校师生协同创新工作坊是指高等院校中以师生为主体,以导师、坊员、研究主题和支持体系间的有序协调、联合为主要运作方式,以创新为价值取向和最终归宿的组织形态和动力系统。

二、相关概念辨析

(一) 班级授课制

班级授课制亦称班级上课制,与个别化教育相对,它是一种编级分班集体进行的教学组织形式。③ 夸美纽斯认为,班级授课是实现普及教育,提高教学效率的最有效方式。为了充分发挥其效率,他主张"把学生按年龄和成绩分成班组"。④ 班级授课制是适应资本主义工业大生产和民众教育需求增大的形势而产生的,最初在耶稣教办的学校中零星使用,在 16 世纪宗教改革时期不管是新教还是旧

---

① 丘建发. 研究型大学的协同创新空间设计策略研究 [D]. 华南理工大学,2014:12.
② 郭朝晖. 工作坊教学:溯源、特征分析与应用 [J]. 教育导刊. 上半月,2015 (5):83.
③ 徐莉,王俊华. 对现行教学组织形式——班级授课制的再审视 [J]. 河北师范大学学报 (教育科学版),2001 (4):137—140.
④ [捷克] 夸美纽斯. 夸美纽斯教育论著选 [M]. 任钟印等,译. 北京:人民教育出版社,1990:245.

教创办的学校都采用了班级授课制，如德国约翰·斯图漠的古典文科中学就是典型的推行班级授课制的学校。① 在新中国成立前，我国最早实施班级授课制始于1862年清朝的京师同文馆，1903年颁布"癸卯学制"后，即清政府颁布《奏定学堂章程》之后，"班级授课制"才在我国广泛推广实施。②

　　班级授课制的特征主要包括三个方面，有人用班、课、时三个字来概括。班：把学生按照年龄和知识水平分别编成固定的班级，即同一个教学班学生的年龄和知识水平大致相同，并且人数固定，教师同时对整个班集体进行同样内容的教学。课：把教学内容以及实现这种内容的教学手段、教学方法展开的教学活动，按学科和学年分成许多小的部分，分量不大，大致平衡，彼此连续而又相对完整。这每一小部分内容和教学活动，就叫作一"课"，一课接着一课地进行教学。时：把每一"课"规定在统一的单位时间里进行。单位时间可以是50分钟、45分钟或40分钟，但都是统一的和固定的。课与课之间有一定的间歇和休息。基于上述三个方面，班级授课制的突出特征就是强调教学的集体性、同一性、统一性。③ 高校师生协同工作坊与班级授课制有一定联系。首先，二者都是群体性教育模式，都依赖于师生组成共同体。其次，二者都有内部管理规章以及相应的管理岗位等。

　　高校师生协同工作坊与班级授课制的主要区别有三点。第一，

---

① 胡成霞，李丹. 班级授课制在我国沿用不衰的原因探析［J］. 教学与管理（理论版），2006（12）：53—54.

② 张立军. 当代基础教育课堂教学转型探究［J］. 民族高等教育研究，2016，4（1）：72—76.

③ 吴亚书. 班级授课制的历史发展与德育改革研究［D］. 东北师范大学，2007：8.

规模不同。班级授课制一般规模较大，可从数十人至上百人，有些公共课的人数可达几百、上千人，而高校师生协同工作坊规模从数人至数十人不等，一般不超过四十人。第二，运作机制不同。班级授课制主要受培养方案制约，采用规范化的运作方式，上课地点、时间、资源相对固定，以集体性为主要导向。高校师生协同工作坊主要以内部系统为动力，运作以项目或创新主题为主线，时间、地点可以相对固定也可以不固定，以创新意识和能力为主要导向。第三，发展取向不同。班级授课制主要发展大学生的基本素养和专业能力，其专业能力又以就业为基本参照。高校师生协同工作坊主要发展学生的创新思维和技能，其主要能力指标在于创新项目的设计、实施和产出。

（二）导师制

导师制是一种教育制度，它和学分制、班建制一起，统称为高等院校的三大教育模式。① 导师制起源于 14 世纪的英国，牛津大学、剑桥大学率先实行，被称为"牛津、剑桥的传统"，后来在西方逐渐推广，流行了几百年，具有强大的生命力。② 导师是学生所选择科目的学者，他负责指导学生的学业和品行。导师协助安排学生的学习计划，指导他如何取得进步。③ 中国最早在 1938 年的浙江大学倡

---

① 俞婷. 导师制：高职院校人才培养质量提升的新探索［J］. 中国职业技术教育, 2014（30）: 73—76.
② 周萍，樊如放. 我国本科生导师制实行过程中存在的问题及对策［J］. 教学研究, 2002（4）: 307—308＋312.
③ 李东成. 导师制：牛津和剑桥培育创新人才的有效模式［J］. 中国高等教育, 2001（8）: 46＋21.

导并推行这种制度。新中国成立后，导师制仅用于研究生教育。①研究生导师主要是指导研究生参与科学研究、课题研究与完成学位论文。② 进入21世纪后，在北京大学、浙江大学等的引领下，一大批高校在本科生中再次试行这种制度。③ 目前国内实施本科生导师制的高校主要分为如下几类：第一，从时间的角度可分为全程导师制、低年级导师制和高年级导师制。第二，从指导过程可分为综合导师制和科研导师制。第三，从指导对象可分为英才导师制和宿舍导师制。④ 导师制的优势在于能发挥全员育人、全方位育人、全过程育人中的传帮带作用，进一步提高育人成效和教育管理水平。⑤高校师生协同工作坊与导师制关系紧密。首先，二者都有导师存在，都依赖于导师的传授和引领。其次，学生学习的模式受导师个体风格影响，即导师的道德水平、专业影响、工作方式等都会影响到团队发展。相对而言，工作坊受导师的影响更小一些。

　　高校师生协同工作坊与导师制的主要区别有两点。第一，学生受益面不同。导师制覆盖学生的数量相对较少，工作坊覆盖学生的数量大大高于导师制。第二，运作方式不同。导师制主要通过一名或数名导师来口授相传，工作坊不仅通过导师群体来传承，而且实

① 杨红官，晏敏，曾云. 本科生导师制创新人才培养模式的探索研究［J］. 教育教学论坛，2016（14）：99—101.
② 孔清泉，冯威，朱晓东. 地方本科院校学生导师制人才培养模式浅析［J］. 教育现代化，2017，4（30）：18—19.
③ 杨红官，晏敏，曾云. 本科生导师制创新人才培养模式的探索研究［J］. 教育教学论坛，2016（14）：99—101.
④ 许敏，李岩. 高校本科生导师制创新培养模式探讨［J］. 长春教育学院学报，2019，35（9）：35—38.
⑤ 俞婷. 导师制：高职院校人才培养质量提升的新探索［J］. 中国职业技术教育，2014（30）：73—76.

现导师、坊员、资源等要素之间的协调与联合。

(三) 大学社团

社团在《辞海》中定义为："社团，法人的一种，经过法律手续成立的集体从事经济活动或社会公共事务的社会组织。前者，如合作社、公司等；后者，如有关政治、文化、艺术、科技、宗教等类社会群众团体。"① 简言之，社团即社会团体，是指人们为了追求某种或多种目的而组成的一个团体。大学社团即大学生社团，是社团的一种。在概念范畴上，大学社团是在校大学生参与或组织的群体性团体，它并不一定需要得到有关部门的批准与帮助，也并不一定需要制定有关章程制度，或开展外在形式的活动。② 大学社团有着结构的松散性、创立的自发性、活动的自主性、内容的实践性、成员的广泛性等特点，是高校学生参与热情最高的一种组织活动形式。③ 大学社团不受系科、年级的限制，它以活动形式的多样性、内容的丰富性吸引了广大学生。大学社团活动的开展有利于大学生开阔视野，开发智力，提高文化素养，完善知识结构，提高思想觉悟，促进身心健康，培养交往、管理、创新等能力。④

高校师生协同工作坊与大学社团有一定联系。首先，二者都是因为共同的志趣而联合有关成员成为团队。其次，二者都接受所在

① ［美］理查德·斯格特. 组织理论：理性、自然和开放系统［M］. 黄洋等，译. 北京：华夏出版社，2002：94—99.
② 欧阳大文. 中美高校学生社团的比较研究［D］. 湖南师范大学，2007：14—15.
③ 应飚，吕春凤. 扶持·引导·管理——浙江大学社团培育的思考［J］. 中国高教研究，2004（12）：69—70.
④ 张国胜. 论大学社团活动课程的教育价值［J］. 浙江师范大学学报，2002（2）：88—90.

高校的指导和管理，不能游离于高校内部治理系统之外。

高校师生协同工作坊与大学社团的区别主要有三点。第一，学生受益面不同。相对而言，大学社团的学生受益面更广，单个工作坊的受益面不会太大。但可以通过增加工作坊的数量来解决这一问题。第二，内部关系的紧密程度不同。一般来说，大学社团内部是松散型关系，而工作坊是相对紧密关系。第三，教师参与度不同。社团有指导老师，但一般只承担咨询、宏观指导等职能。高校师生协同工作坊的导师要全程指导、深度参与、协同运作。

三、高校师生协同创新工作坊的要素分析

（一）导师

导师制在高校很常见，有的高校不仅有理论导师，还有实践导师，被称为双导师制或多导师制。有些高校在人才培养和研究项目运作过程中，还采取导师组制度。采取导师组制度有利于凝聚集体智慧，发挥共同体优势。

高校师生协同创新工作坊的导师，有其自身的特色。第一，师生协同创新工作坊的导师自身必须具有强烈的创新意识和创新能力。只有导师具备创新的示范效应，才可能引领团队进行创造性的活动。第二，师生协同创新工作坊的导师必须具备较强的组织管理能力。工作坊有口授相传的原义，但当今时代工作坊的坊员均为"90 后"或"00 后"，对团队的有效管理尤为重要。第三，师生协同创新工作坊的导师可以是学生。这一点与高校传统意义上的导师不尽相同。工作坊中的新学员，经历一定时间淬炼，本身具备传承和引领的能

力，可以成为导师，分担教师类导师的工作职责，其自身也可以得到有效提升。

（二）坊员

坊员是高校师生协同创新工作坊的主体。坊员的组成与高校社团类似，汇聚了一群有梦想、有实力、有方法的年轻人，在团队的催化下验证假设，实现目标。

高校师生协同创新工作坊的坊员有着自身特点，主要表现在如下几方面。第一，师生协同创新工作坊坊员有强烈的创新意愿。坊员骨子里有创新的基因，他们渴望创新，渴求创造，不墨守成规，不故步自封。第二，师生协同创新工作坊坊员有源源不竭的创新能力。这种能力可能受生物遗传影响，但更主要的还是后天环境的影响。在工作坊中，这种能力得到专业的激发和训练，被放大和扩充，并在具体项目上得以体现。第三，师生协同创新工作坊坊员掌握科学的创新方法。这种方法，有时是经验性的，有时是程式化的。大多时候，创新的方法是可以规律化的，通过团队组织和培养得到传承。

（三）创新主题

创新主题是高校师生协同创新工作坊的灯塔。灯塔的高度和明亮程度，决定了航海人的前程。同样地，创新主题的前瞻性和存在价值，决定了高校师生协同创新工作坊的发展前途。

高校师生协同创新工作坊的创新主题具有几个特点。第一，创新主题关注本专业发展趋势。高校学生的学业大都按专业划分，这为工作坊寻找创新主题提供了主要依托。在本专业前沿领域挖掘可探究的主题，是工作坊的主要运作方式。第二，创新主题关注本学科的理论发展和现实需求。对于社会科学而言，都与对应的行业、产业相勾连，解决行业产业的重要需求和难点问题，有着广阔的创新前途。对于人文学科而言，新的理论命题、理论发现也可以作为工作坊之创新主题，但存在一定难度。对于理学、工学、医学等学科，无论是理论创新，还是实践创新，工作坊都有着十分广阔的涉猎范围。第三，高校师生协同创新工作坊的创新主题具有微创新的特点。高校师生协同创新工作坊既可以面向研究生阶段学生，也可以面向本科阶段学生。从一定意义上讲，工作坊很多时候主要面向本科阶段学生。因此，其创新主题角度较小，往往是从一个小问题引发，或者是从一次小思考扩展而成的。

（四）运作策略

运作策略事关高校师生协同创新工作坊的成败。可以说工作坊成于创新，败于管理。高效科学的运作策略是工作坊管理成功的关键。

高校师生协同创新工作坊的运作策略具有几个特性。一是传承性。不仅是导师与坊员之间的传承，还有高年级与低年级之间的传承，老坊员与新坊员之间的传承。二是交互性。一般而言，工作坊的规模不可能超过班级，在项目创新过程中依赖成员间的互相配合，其运作过程高度协同。三是自发性。工作坊在运作过程中，由协同过渡到自动，期望最终能自动自发，从机制、流程、效率等维度都实现高水平惯性发展。

（五）支持机制

高校师生协同创新工作坊根植于时代，成长于高校内部，必须依赖校内外的有力支持。及时有力的支持机制，不仅是高校师生协同创新工作坊规范发展的催化剂，也是工作坊高速发展的推动器。

高校师生协同创新工作坊的支持机制主要体现在以下几个方面。第一，人力资源支持机制。要有鼓励教师从事创新引领的制度，对从事师生协同创新给予人才保障。第二，项目平台支持机制。鼓励学生参与教师的研究项目，各类平台为师生协同进行创新研究提供开放的接口和机会。第三，绩效评估支持机制。无论是对教师，还是对学生，都应该秉持开放态度，只要是在校内完成的创新成果，都给予认可、奖励、推广等。通过全方位、多领域的支持机制，激发高校师生协同创新工作坊的内部活力，为其发展保驾护航。

第三章

研究进展

一、工作坊研究的理论基础

（一）协同学

协同学（Synergetics）是系统科学的一个重要分支，源于希腊文，意为"协调合作之学"。[①] 协同学是由联邦德国著名物理学家赫尔曼·哈肯于 20 世纪 70 年代初创立的一门新兴综合性学科理论。它以系统论、信息论、控制论、相变论等现代科学成果为基础，吸取了结构耗散理论的大量成功经验，采用统计学和动力学相结合的方法，研究系统在涨落和非线性作用下产生的协同效应，从而自发形成时间、空间和功能的自组织有序结构。[②]

---

① ［德］赫尔曼·哈肯. 协同学：大自然构成的奥秘 ［M］. 凌复华，译. 上海：上海译文出版社，2005：123—124.

② ［德］赫尔曼·哈肯. 高等协同学 ［M］. 郭治安，译. 北京：科学出版社，1989：23—54.

协同学描述各种系统和现象中从无序到有序转变的共同规律。①
协同学研究的对象是系统，这一对象必须具备复杂系统、开放系统、
系统内部存在非线性作用、系统远离平衡状态、系统随机涨落等
特征。②

将高校师生协同创新工作坊作为一个系统，那么它具备协同学
上的以下特征：

第一，高校师生协同创新工作坊是一个复杂系统。说它复杂，
主要是由它的具体工作决定的。工作坊主要从事创新项目研究和创
新竞赛活动，这是高度活跃的脑力劳动，具有不可预知性，是复杂
的。另外，工作坊内部的管理也是复杂的，因为工作坊成员都是思
维灵活、发散、独特的个体，对他们的管理和引导是复杂的过程。

第二，高校师生协同创新工作坊是一个开放系统。这个系统的
开放，首先体现在工作坊必须主动接纳外界信息，寻找最前沿的研
究趋势，获取最先进的研究方法，并尽可能地向领域内最优秀的领
军人物学习。其次，工作坊应当向高校其他非内部坊员开放，涉及
基础性、公共性的培训与交流，可以扩大受益面，邀请有兴趣的同
学参与其中。

第三，高校师生协同创新工作坊内部存在非线性作用。"如果自
变量和因变量之间不呈现比例关系，不具备持续性特征以及线性特
征，甚至运用常规逻辑也难以解释其变化结果，则称这种作用为非

---

① 沈小峰，郭治安. 协同学的方法论问题 [J]. 北京师范大学学报（自然科学版），
　　1984，（1）：89.
② 张立荣，冷向明. 协同治理与我国公共危机管理模式创新——基于协同理论的视角
　　[J]. 华中师范大学学报（人文社会科学版）2008（2）：11—19.

线性作用。"① 在工作坊内部，自变量是坊员和老师的创新水平，因变量包括创新资源、研究设备与方法、支持与激励体系等，几者之间不是简单的线性关系，难以用一般的规律化逻辑来解释。例如，最佳的资源一定会产出最佳的创新成果吗？未必。反之，在支持与激励体系不完善的情况下，也可能凭借师生强烈的创新动机完成研究项目。

第四，高校师生协同创新工作坊系统远离平衡状态。创新是高度困难的思维活动。工作坊成员在这一过程中要经历培训、阅读、自悟、研讨等必要环节。无论是导师还是坊员，在研究、创作过程中，必然会经历困顿、迷惑、茫然，甚至无助、沮丧等不良情绪。同时不同成员间的心理体验和成长历程是不一样的。可以说，高校师生协同创新工作坊这个系统不是按部就班，也不可能有条不紊，它是远离平衡状态的。

第五，高校师生协同创新工作坊存在随机涨落现象。所谓涨落，是指系统内部各子系统产生局部运动或者局部耦合，加上宏观条件的随机波动，系统宏观量的瞬时值偏离其平均值，这时会出现系统状态的起伏。② 这一点与第四点类似，当工作坊内部各要素发生相互作用，可能产生随机涨落现象。例如，当工作坊创新项目难度大，坊员的成就动机可能随之下降；当工作坊的外部支持力度加大，则可以激励坊员以更多的投入应对创新研究。

① 傅广宛. 非线性视角中的公共政策执行过程 [J]. 中国行政管理，2003 (5)：33—36.
② 张立荣，冷向明. 协同治理与我国公共危机管理模式创新——基于协同理论的视角 [J]. 华中师范大学学报（人文社会科学版）2008 (2)：11—19.

（二）群体动力理论

库尔特·勒温（Kurt Lewin）是最早研究群体动力学的先锋人物。群体动力理论认为，一个人的行为是个体内在需要和环境外力相互作用的结果，并提出行为公式：$B = f(P, E)$，其中 B：Behavior 代表行为；P：Person 表示个人；E：Environment 指环境；f：function 是函数。[①]群体动力理论认为一个有效的群体可以充分激发群体内成员的兴趣与参与积极性，利用群体成员的共同智慧，产生群体动力，从而获得比个体单独行动更为高效的结果。[②] 群体动力理论强调群体对个体的影响力，而在教育行业中有重要的意义。首先，群体动力理论认为个人在学习过程中首先受到自身因素的影响，然后主动与他人合作交流，主动性是关键；其次，群体动力理论还强调了群体和组织中的动力因素对于个体的学习成长有慢慢渗透的作用。最后，群体动力理论还表明了个体之间的差异造成了松散效应的出现，导致群体的凝聚力不强。[③] 显然，高校师生协同创新工作坊是一个群体，其组建、运作都能从群体动力理论中汲取营养。群体动力理论对高校师生协同创新工作坊的启示有如下几点。

第一，从群体内部因素去解释、调适高校师生协同创新工作坊的运作及其发展规律。高校师生协同创新工作坊的内部因素主要包括导师、坊员、创新主题、创新资源等，他们彼此之间会发生各种

① 王涛. 群体动力理论视域下的高校创业教育模式研究 [J]. 教育与职业, 2014, (15)：91—92.

② 马瑞华, 王笑丹. 论群体动力理论在大班合堂教学中的应用 [J]. 大学教育, 2013, (13)：131.

③ 郑建春. 基于群体动力理论的高校创业教育方式 [J]. 中国高校科技, 2014, (11)：80—81.

联系，互相促进，也可能互为掣肘。其中，导师是引领性因素，导师的标杆作用会影响到坊员的创新能力和创新动机；坊员的表现反过来则会影响导师的成就动机。创新主题需要相应的创新资源予以配合，创新主题的前瞻性和引领性又可能获取更多更好的创新资源支持。同时，创新主题和创新资源也制约着导师和坊员的创新意愿和创新意志力。

第二，从高校师生协同创新工作坊坊员间的关系去探讨建设工作坊的动力机制。按照群体动力理论，在一个群体中存在各种不同的制约力量和动力，主要包括凝聚力、约束力、驱动力、耗散力等。

首先，可以通过提升工作坊凝聚力来促进坊员坚定创新信念。创新是具有难度的，也是具有挑战性的。坊员没有坚定的意志，难免在研究过程中迷茫，甚至动摇。通过奖励创新研究成果让坊员看到成功的希望，通过团队活动来放松坊员的身心，同时提升团队的向心力和凝聚力，从而坚定其持续从事创新的信念。

其次，可以通过形成必要的约束力来促进坊员达到创新的底线要求。创新团队最好不设置条条框框，以免挫伤坊员的研究主动性和积极性。但是团队需要底线管理，对于基本的礼仪、出勤、活动等，要求团队成员必须遵守一定要求。同时，对于已经取得相当成就的坊员，可以降低其基本要求，甚至允许其不受常规管理的约束，以保护其创新动能。

再次，可以通过提升创新驱动力来激发坊员的研究潜能。坊员的创新驱动力，是工作坊良性发展的主要动力。可以全方位规划、激发坊员的创新驱动力。第一，通过树立标杆来激发坊员的创新驱动力；第二，通过提升认知来激发坊员的创新驱动力；第二，通过导师引领激发坊员的创新驱动力；第四，通过有效激励来激发坊员的创新驱动力；第五，通过创新氛围来激发坊员的创新驱动力。

最后，可以通过降低工作坊耗散力来提升创新效能。任何一个群体、组织都可能存在耗散力。耗散力不可能完全避免，但可以通过一系列举措来加以降低。例如，通过不同年级坊员的传帮带来降低高低年级学生之间的耗散力；通过团队活动来降低归属感不强导致的耗散力；通过导师引领和项目管理来降低成员之间因低效产生的耗散力；通过激励机制和支持制度来降低成员认同感不足导致的耗散力。

第三，不能单纯重视高校师生协同创新工作坊内部人与人之间的关系。内部关系是组织运作的主要关系，对组织发展起着主导作用，但不能因此忽视组织建设的外部关系。外部关系对高校师生协同创新工作坊的发展起着助推作用。只有学校形成足够浓厚的创新氛围，构建起足够科学的支持体系，形成足够有力的激励机制，才能促进高校师生协同创新工作坊良性发展并在人才培养改革中发挥应有作用。

（三）成就动机理论

成就动机理论是美国哈佛大学教授麦克利兰等人在 20 世纪 50 年代创立的一种激励理论。成就动机是一种力求成功并选择朝向成功目标活动的一般倾向，是在人的成就需要基础上产生，激励个体乐于从事自己认为重要或有价值的工作，并力求获得成功的一种内在驱动力。[1]简单地说，成就动机是人们追求卓越、力求成功的一种

---

① 肖忠. 成就动机埋论在"双师型"教师专业成长中的运用 [J]. 中小学德育，2016，（4）：52.

内驱力。①阿特金森认为，个体的动机强度（T）由成就需要（M）、期望水平（P）和诱因值（I）三者共同决定，即 $T = M \times P \times I$。② 该理论进一步认为，在社会化过程中，人们获得了两种与成就有关的动机，一种是追求成功的倾向，表现出趋向目标的行动以及获得成功能带来的积极情感；另一种是害怕失败的意向，即想方设法逃脱成就活动或情境，避免预料到的失败结果及由这个结果带来的消极情绪。这两种动机都可看成稳定的个性特征；个体可同时拥有这两种动机，且其水平不一定相等，阿氏将两种动机在人的活动中能起的作用称为"合成的成就动机"，即趋向成就的活动与回避成就的活动在强度上的相减关系。③ 成就动机理论对高校师生协同创新工作坊的启示有如下几点。

第一，在工作坊运作中将创新产出与坊员个体需求高度匹配。工作坊的根本目的，在于培养学生的创新品质和创新能力，不仅体现在创新团队的实力上，还体现在坊员个体身上。在工作坊运作过程中，产出的论著、专利、竞赛成果等，既归属于团队，也要与坊员的个人发展紧密结合。比如将这些成果与坊员的升学、就业、创业等结合起来，他们的成就动机就会大为增强。

第二，在工作坊团队中营造创新能够带来成功的期望情绪。希望是支持人们在成功之前坚持不懈的主要动力之一。工作坊团队中

① 闫向连. 麦克利兰成就动机理论在成人高等教育中的应用［J］. 中国成人教育, 2011, (19): 176.
② 肖忠. 成就动机理论在"双师型"教师专业成长中的运用［J］. 中小学德育, 2016, (4): 52.
③ 朱敬东, 彭慧. 基于成就动机理论的网络学习影响因素分析［J］. 现代远距离教育, 2006, (3): 19—20.

要树立起几个通过创新取得较大成绩的标杆，同时也要让坊员看到成功的清晰路径，让他们感觉这条路虽然有挑战，但成功的机会较大。这种正向的期望情绪能激励坊员在平淡中走向卓越，不因暂时的挫折或失败而轻言放弃。

第三，在工作坊建设中设置发展梯度，避免因失败导致的挫折感和逃避倾向。难度太小，坊员没有动力，反之，难度太大也会带来畏惧感。高校师生协同创新工作坊的梯度发展设计，可以考虑两个层次。一是按年级来提升难度，即低年级难度较小，高年级难度逐级提高，让坊员有适应的空间。二是按项目来区分难度，先让坊员尝试容易的项目，积累一定经验后再提供具有一定挑战的项目，让坊员的创新实践具有递进性。

二、国外工作坊研究

（一）国外工作坊研究起源

"工作坊"一词英文拼写为"workshop"，最早可以追溯到 20 世纪初德国魏玛共和国时期的包豪斯学院（Staatliches Bauhaus）。包豪斯学院有"世界现代设计发源地"的美称，由著名建筑设计大师沃尔特·格罗皮乌斯（Walter Gropius）1919 年在德国魏玛创建。包豪斯学院采用导师加学徒工的培养方式，这种实践教学模式被称为"工作坊教学"。① 具体来说，学生在学院里充当"学徒工"的角色，

---

① 林书兵. 基于工作坊的实践教学模式的应用与探析 [J]. 现代教育论丛，2014，(3)：67—71.

其理论知识源于"形式导师",而其实践技术知识则是由工作室师傅进行讲授的,学生的实践学习场所固定在工作坊。①

（二）国外工作坊建设的发展及主要类型

工作坊模式产生以后,在国外运用越来越广泛,涵盖了工程、艺术、医学、教育等诸多领域,形式丰富多彩,主要有如下几种类型。

1. 工程类工作坊

在20世纪60年代,"工作坊"（workshop）的概念被美国著名风景设计师、园林师劳伦斯·哈普林（Lawrence Halprin）引用到都市建设计划中,它不仅指代各种不同立场和不同群体的人们进行思考、探讨及相互交流的一种方式,而且表示支持和鼓励参与式、创新性寻觅解决策略的一种方法。② 简·沃泊勒教授毕业于罗德岛设计学院（Rhode Island School of Design）,每学期主持一个"国际工作坊",其主要内容是为一个选定的案例做方案设计,参加的本科生通常具有建筑学、城市规划以及其他工程专业背景,有利于学生创造出包容性更强的方案。工作坊经常举办各种讨论,不同角度观点的充分交流与激烈辩论使得这项工作变得多姿多彩和更富意义。③

2. 艺术类工作坊

Heydenreich通过组建"艺术工作坊",让坊员交流绘画的表现

---

① 郭朝晖. 工作坊教学:溯源、特征分析与应用 [J]. 教育导刊. 上半月, 2015 (5):82—84.

② 葛桦. "实践教学工作坊"的设计与应用 [J]. 教育理论与实践, 2011 (6):45—47.

③ 沈杰, 苟中华. 走出盒子——开放式国际工作坊的教学理念与实践 [J]. 建筑学报, 2008 (7):88—91.

形式与不断变化的材料，随着他的工作室的扩大，其绘画技巧回到了更传统的方法，并开发出了极其有效的变体。①

3. 医疗类工作坊

Erin Schoenfelder 组建"青少年多动症工作坊"，为患有注意力缺陷多动症的青少年及其父母提供了一个简短的干预，以丰富治疗知识和增强其寻求治疗的家庭动机，并且能进一步地研究并评估患者参与治疗的影响。②

4. 文学类工作坊

"爱荷华作家工作坊"用自身的行动，去尽力摆脱人们针对创意写作及作家工作坊的质疑。它成立于 1936 年，到 1961 年时工作坊已经产出了大量优秀的诗歌和故事。到目前为止爱荷华的研究生已经获得了各种各样的文学奖项，包括 17 个普利策奖，6 个近现代 U. S 诗人夺得桂冠，以及各种各样的国家图书奖、Mac Arthur Foundation Fellowships 以及其他各种荣誉。③

5. 教育类工作坊

1969 年 11 月，玛丽蒙特学院组织了"创新工作坊"，作为制度更新的第一步，其目的是提高学生和教师对改变本科经验的必要性

① Heydenreich. Artistic exchange and experimental variation: studies in the workshop practice of Lucas Cranach the Elder [J]. *Routledge* , 1998, 43 (sup1).

② Erin Schoenfelder. Connor McCabe. Aurora Fife, Lisa Herzi, Kym Ahrens. Research Brief: The Teen ADHD Workshop to Improve Adolescent ADHD Treatment Engagement [J]. *SAGE Publications* , 2020, 24 (8).

③ 佚名. 爱荷华作家工作坊 [DB/OL]. http://writersworkshop. uiowa. edu/, 2020 –06 –04.

的意识。① 劳拉·霍林勒克主张举办"互动教育工作坊"，是一种宝贵的教育干预措施，有助于建立保健提供者在临终生活中的能力和信心、沟通技能以及道德和法律知识。② 20世纪末，美国学者萨乔万尼（1993）提出的"教师工作坊"，是指教师们围绕同一个主题、处在同样的学习环境，通过相互学习交流、不断反思、团结协作、问题解决等方式所形成的独具特色的情景文化氛围的动态结构。③ 美国生物老师Janel L. Ortiz组建"野鸟工作坊"，解决中小学课程负担过重、缺乏资金、教室太大等因素造成其缺乏系统环境教育的问题。该工作坊通过整合教师培训后的实践活动，提高环境教育的影响力。④

（三）国外工作坊实践与研究的主要特点

成员固定。国外工作坊组成人员主要分为三个类别，一是参与者，即工作坊的学习者；二是主持人，即工作坊的领军人物，也是主要传授者；三是促进者，包括外部的咨询人员和内部除主持人之外的其他支持人员。

要素明确。工作坊一般由主题与活动两方面构成，具有鲜明的主题目标指引活动的设计，活动的开展皆是紧紧围绕工作坊的主题

① Panetta, Roger. Innovation Workshop ［J］. *R Panetta – Liberal Education*,1973：424 – 432.
② BrigetteM. Hales, LauraHawryluck. An interactive educational workshop to improve end of life communication skills, *TheJournalofContinuingEducationintheHealthProfessions*, 2008,28(4)：241—245.
③ ［美］托马斯·萨乔万尼. 道德领导：抵及学校改善的核心［M］. 冯大鸣，译. 上海：上海教育出版社，2003.
④ Janel L Ortiz, April A T Conkey, Leonard A Brennan, La VonneFedynich, Marybeth Green. Wild Bird Workshop：A Professional Development Opportunity for Educators ［J］. *The American Biology Teacher*, 2020, 82 (1).

并完成主题规定的目标。[①]

覆盖领域广泛。梳理可知，国外工作坊的应用与研究已经从最初的设计、规划领域覆盖到艺术、文学、医学、教育等各个领域，为社会发展与文化传承提供了最广泛的支持。

三、工作坊研究在中国

(一) 工作坊在中国的传播与应用

工作坊最初是作为一种公众参与的研修模式，为培养工程设计师和建筑设计师提出，此概念于 20 世纪 80 年代传入我国。[②] 工作坊模式产生后，国内把它广泛应用于教师培训领域，由此产生了"教师工作坊"。[③] 早期的教师工作坊研究者黄朝立（2008），从生本教育的视角指出工作坊以教师的学为中心，是致力于建设学习型和合作型教师团队的培训模式。[④] 在高等教育领域，作为培养应用型人才的高校教学形式，工作坊在各个培训领域得以成功应用，尤其受到英语学科教学的热烈追捧。[⑤] 有学者（李明等，2010）结合自己的教学经验指出工作坊以翻译过程为导向、以学习者为中心，能真

① 王雪华. 工作坊模式在高校教学中的应用 [J]. 当代教育论坛（管理研究），2011 (8).

② 季春晓. 教师工作坊中反思性实践的过程模型研究 [D]. 华中师范大学，2019：2.

③ 徐燕丽. 基于在线教师工作坊的教师教研行为分析 [D]. 华中师范大学，2019：8.

④ 黄朝立. 论"生本教育"中"教师工作坊"的创建 [J]. 教育与职业，2008 (8)：128—129.

⑤ 季春晓. 教师工作坊中反思性实践的过程模型研究 [D]. 华中师范大学，2019：2.

正让翻译实践走进课堂，培养译者的翻译技能。① 而高校、企业尝试合作，也举办了各种以合作、高效、协同为特征的创意工作坊，为来自不同学科、范畴、学历层次及企业的精英提供一个同等思考、探索和沟通的平台，而且刺激了多元化设计思维的互相碰撞，引发新的设计思考，触碰到新的设计痛点和设计理念，成为一种设计模式。② 此外，在其他领域，工作坊覆盖的范围越来越广，出现了读书工作坊、作曲工作坊、翻译工作坊、陶艺工作坊等层出不穷的组织模式。③

（二）国内工作坊研究的几个主要主题

工作坊传入国内后的相当一段时间内并未受到太多关注，相关文献数量增长缓慢。随着"国培计划"项目启动，教师培训实践广泛开展，2014 年始，相关文献的数量大幅增长、研究内容逐步深入。④ 国内现有研究主要集中于以下几个方面。

一是工作坊的理论基础。如认知学徒制学习理论，学习共同体理论，或对坊内成员角色及角色之间的关系进行分析，构建其研修模式。⑤ 二是工作坊的概念研究。"工作坊"与心理学背景有很大的关联，早期研究开始于教育和心理学领域，随着时代的发展进步，"工作坊"存在的方式也在不断进化演变，其内涵和外延也在相应变

---

① 李明. 仲伟合. 翻译工作坊教学探微［J］. 中国翻译，2010. 31（4）：32—36 + 95.
② 曹子淳. "协同创新设计"工作坊产品设计创意模式及设计方法研究［D］. 广州大学，2016：1—2.
③ 徐燕丽. 基于在线教师工作坊的教师教研行为分析［D］. 华中师范大学，2019：8.
④ 季春晓. 教师工作坊中反思性实践的过程模型研究［D］. 华中师范大学，2019：2.
⑤ 李愈婧. 教师工作坊研修对中小学教师信息技术应用能力的影响研究［D］. 山西师范大学，2016：5.

化扩充。目前,"工作坊"已逐步应用于社会建筑、戏剧、舞蹈、音乐、绘画、陶器、工艺品等的教学和创作实践。在一些高校也将"工作坊"模式应用到相应的课程体系当中。① 三是工作坊的组建类型研究。以教师工作坊为例,其按不同的标准,组建类型丰富多彩,目前有按学段学科建立的学科工作坊,有以主题研究为目标的专题工作坊,有以共同兴趣而组建的兴趣工作坊。除此之外,还有以提高教师信息技术能力为目标的教师工作坊,以及基于教学主题的骨干教师工作坊研习模式。② 在高职院校,出现了突出学生主体、强调企业文化并以工作坊为实践载体的"实践教学工作坊",这种类型不仅实现了学科建设和教学设计方面的接轨,而且可以改革和创新实践教学模式,解决高职院校实践教学中的一些弊端。③ 四是工作坊的特征研究。一是对工作坊的普遍特征进行研究,二是依托具体案例对工作坊的特性进行归纳。如通过对教师工作坊、个案工作坊、专业教学工作坊、专业实践工作坊进行案例研究,认为工作坊探讨的话题更有针对性,组织形式更为灵活,学生学习实践的时间较多等。④

(三)国内工作坊研究的主要特点

第一,主要集中于概念内涵、应用领域、建设类型等研究。对工作坊的特点、运作方式等基本都有涉猎;对相关应用领域的研究不断扩大,基本涵盖了社会公共服务的大部分领域,也覆盖了文学

---

① 李娟. "工作坊"方式在小学版画特色课程中的应用研究 [D]. 四川师范大学, 2019:6.
② 张小晶. 班主任工作坊成员在线参与研究 [D]. 华中科技大学, 2017:6.
③ 熊久明. 教师工作坊主题研讨活动设计与应用研究 [D]. 华中师范大学, 2017:3.
④ 查华魏. 工作坊教学方式下的小学陶艺特色课程教学研究 [D]. 四川师范大学, 2019:5.

艺术等领域；对于具体的建设策略国内外都有较为丰富的实践经验。

第二，对工作坊内部动力机制研究还不够深入。工作坊的运作形式，不仅体现为其规模适度和口授相传的方式，还体现为其高效的传承效果。工作坊作为一种组织形态，内部的行为动力是如何产生、扩散、凝集的，目前的相关研究还有较大的延伸空间。

第三，工作坊与教育学科的结合主要体现在人才培养方式的革新，还缺乏内部治理程序、支持体系、激励评估系统等研究。工作坊的存在，要置于整个社会空间之中，需要从内外两重关系的角度来审视。内部治理的规范与创新、支持体系的建立与协同、激励评估的调适与导向等问题都需要系统、长期地加以谈论和验证。

四、工作坊研究的趋势

（一）从应用范围上看，有扩大化趋势

这里所指的应用范围扩大化有三重含义。第一，应用领域和学科上的扩大化，从最初的设计规划领域，已经扩大到医学、文学、建筑、戏剧、教育等各个领域。第二，在同一个学科或领域，工作坊的应用也扩大到更全面、更广泛的空间。比如某些高职院校教师专业发展的"工作坊"将"合作学习""翻转课堂""项目教学""案例教学"等作为内容模块。通过丰富的网络资源及研究者的亲身示范，使参与者应对教学方法过于单一、教学效果不佳等困境。[①]

---

① 姒依萍，邱美秀. 基于高职院校教师专业发展的"工作坊"课程创新与效果评估 [J]. 中国职业技术教育，2020（8）：88.

第三，出现综合多个学科的工作坊。比如前文提到的国际工作坊就是综合多个学科进行创新。再如某学校建筑类专业设立"创研工作坊"，综合了经济、法律、艺术等多种学科，学生完成专业内容的学习后，根据兴趣加入。[①]

（二）从研究成就上看，有系统化趋势

随着工作坊的研究和实践，在运作上越来越系统化，不仅关注技能的训练，而且将认知、心理、情感等因素的研究也纳入其中。如建筑类专业学生在专业技能培养上缺乏系统性，学生学习实践比较零散。工作坊则是针对学生的学习需求构建不同专题，通过专题讨论集中学生注意力，激发学生学习热情，工作坊中学习探究项目主题明确，强调由知识层面、技能层面向态度层面的转变和过渡。[②]再如前文曾论及的翻译工作坊为学生提供大量高强度翻译训练的平台，让学生通过"在翻译中学习翻译""在合作中学习翻译""在讨论中学习翻译"的方式，不断提高翻译能力和译者能力，并通过课内外的交互学习环境，去感悟、领会和把握翻译的真谛，为他们日后独立从事翻译活动、实施翻译项目、承接翻译任务打下基础。[③]

（三）从实践态势上看，有精细化趋势

工作坊的出现，实质上是一种科学的教育模式的诞生。随着工

---

① 文闻. 与乡村建设调研结合的工作坊模式对促进高校建筑类学生专业能力提升的实效性研究——评《应用型高校实践教学探索》［J］. 中国食用菌，2020，39（4）：25.

② 文闻. 与乡村建设调研结合的工作坊模式对促进高校建筑类学生专业能力提升的实效性研究——评《应用型高校实践教学探索》［J］. 中国食用菌，2020，39（4）：25.

③ 李明，仲伟合. 翻译工作坊教学探微［J］. 中国翻译，2010，31（4）：32.

作坊在越来越广泛领域的应用，从效率、效能的角度出发，参与者不断开发出更为标准的操作流程，不断梳理出更为科学的操作方法，使得工作坊应用朝着越来越精细的方向发展。比如某摄影摄像工作坊在教师的引导下，学生独立自主在室内的全景演播厅、摄影棚等实践场所进行节目录制，或者在室外进行模拟现场新闻录制、街头采访等，从而掌握室内、室外等不同场地节目录制的基本流程和方法，掌握非线性编辑的基本方法和技巧。① 尤其是教育领域的工作坊，不仅注重问题导向，更注重具体项目运作的程序和模块。比如某"实践教学工作坊"将具体操作流程设计为：项目或学习内容要求等的简介（30 分钟）、学习成果（40 分钟）、教与学活动（20 分钟）、休息（15 分钟）、评估（30 分钟）、总结与反思（45 分钟）。②

---

① 柴文耕. 关于新闻传播专业工作坊的组建与实施——以西北政法大学新闻传播学院工作坊为例［J］. 视听, 2020（5）: 235.
② 葛桦. "实践教学工作坊"的设计与应用［J］. 教育理论与实践, 2011, 31（18）: 46.

第四章

研究价值

一、研究高校师生协同创新工作坊的理论意义

（一）丰富协同学理论

1. 讨论师生共同体创新的协同要素

本研究立足于团队创新模式的建构，从协同学理论出发，整理协同发展的要素，继而拓展到师生共同体之中。通过理论衍生和行动检验，分析确立出师生共同体从事创新研究过程中最核心、最重要的因素。在下一次创新项目实施中，特别关注这些要素并加以检验，最终总结出高校师生团队创新的协同要素，并加以固化。

2. 验证师生协同创新的动力要素

对于师生协同团队而言，什么因素最能激发团队与个人两方面潜能？这是本研究在运作过程中要加以着重分析的。在师生的成就动机、内部协同机制、外在支持激励、项目本身吸引力等要素中，哪些是最能起推动作用的？厘清这些要素，将有利于提升师生协同创新的质量和水平。

3. 深化师生协同创新的内部控制

作为一种新的组织形式，高校师生协同创新工作坊兼具多种传统组织模式的优势，有导师制的专业，有学院制的规范，还有项目制的导向。更为重要的是，工作坊规模适度，利于内部控制和协同。依托本研究，可以检验协同学理论要素之间的涨落，深化和丰富关于协同学的内部控制理论。

（二）深化工作坊理论

1. 创新工作坊运作机制

工作坊滥觞之时，其特点便是手口相传。这种师承模式虽然有高效简洁之优势，但又容易陷入导师封闭化的陷阱，即导师的好恶容易影响徒弟和整个团队的习得。本研究在理论梳理基础上，对工作坊运作机制进行改造。首先是流程化运作。工作坊的项目运作及创新行动，遵循一定的步骤和程序，以规避随意化发展。其次是标准化运作。工作坊各项创新活动和项目的推动，都有技术标准作为支撑，避免漫无边际的创新。再次是系统化运作。工作坊不仅关注项目和创新本身，更关注内部的良性循环和外在的强力支持。对内形成互相支撑的多个子创新系统，对外寻求大环境和小环境的有力支撑。

2. 总结工作坊成员成长机理

对于工作坊而言，其存在的目的有两重，一是社会事业的发展与传承，二是坊员、导师个体的成长和蜕变。相对而言，工作坊成员的成长是这一组织存在的第一要务。总结工作坊坊员如何成长，依靠什么成长，怎样才能更好、更快成长，这些均是对工作坊理论的丰富和深化。就本研究来说，坊员的成长机制，可从三个方面来思考。

一是依靠工作坊，在团队互助中探索成长的机制。二是在工作坊中，通过参与工作坊的培训、活动、项目等实现自身成长。三是共享式成长，即个体成长汇聚成团队成长，团队的成长促进个体的发展。

3. 讨论工作坊的教育学价值

工作坊作为一种组织形式，首先具有管理学价值。坊员之间、坊员与导师之间、工作坊与外部环境之间都需要管理的智慧。其次，工作坊作为培养人才、培育专业精神的组织，其传承创新特性十分明显。从教育学的角度，厘清工作坊具有何种教育优势，其最佳教育模式是什么，对人才的发现和培养需要何种教育理念，工作坊内部可采用何种最佳的教育方法、技能等，都可以通过理性反思和实践经验加以总结。

（三）构建基于工作坊的师生协同发展模式

1. 工作坊的组织形式与协同运作模式深度耦合

工作坊是一种组织形态，其要义在于团队发展。协同是一种运作模式，其要义在于合作发展。两者的结合，生发出高校师生协同创新工作坊这一实体。二者之组合，力求组织形态与运作策略完美耦合，总结出适合高校师生协同创新的最佳模式。

2. 构建工作坊协同发展的核心流程

工作坊之发展，依赖于创新的项目，更依赖于开展创新的导师和坊员。对于导师来说，其具有创新的经验和能力，但学生则不尽然。尤其对于本科阶段的学生而言，他们的创新经验不足，甚至可能是一张白纸。这种情况下，高校师生协同创新工作坊有必要建立工作的核心流程。工作流程的建立可从两个维度来考虑。其一从项目运作角度，从项目选题，到开题，再到研究过程，最后到研究结项等，都建立标准化的流程。其二是从工作坊管理角度，从坊员遴选，到入坊培训，再到参与项目，最后到成果发表等，也都建立标准化的流程。这种流程的建立，对于建构工作坊协同发展模式，形成高校师生协同创新工作坊的理论体系大有帮助。

3. 形成工作坊协同发展的绩效评估系统

本研究所称创新，一是创新意识之萌发，二是创新能力之提升。建立高校师生协同创新工作坊的重大意义，在于找到一条尽可能高效、科学、符合大学生发展规律的拔尖人才培养道路。这条道路成功与否，是要靠工作坊的绩效来评估的。因此，从理性角度构建师生协同工作坊的绩效评估系统具有紧迫性。可考虑从显性和隐性两方面来建立绩效评估系统。其一是可量化的完成创新项目数量与质量，由参加创新竞赛获奖情况、发表创新论文和著作情况、开发创新专利情况等指标来衡量。其二是不可测量的坊员创新意识、创新思维、创新习惯、创新方法等。这类绩效评估指标可通过入出坊前测与后测、成长记录、第三方创新品质测评等方式加以呈现。

二、建设高校师生协同创新工作坊的现实意义

（一）为高校创新创业教育提供新的组织方式

当下创新创业教育组织形式主要有如下几种。一是学院制。众多高校成立了创新创业学院，职业院校更是将创新创业学院作为学生职前职后衔接的主要载体。可以说，学院制具有规范化、专门化等特点，但是学院还是主要立足管理层面，无法直接对接到具体的创新项目和主题。二是项目制。尤其在研究生教育阶段，高校教师

的项目大多有学生直接参与，为学生创新思维和创新能力发展提供了广阔的舞台。但是项目制侧重在单一的项目推进，依赖参与者的研究能力和研究经验，在成员管理上存有短板。三是竞赛制。凭借校内外各种创新创业大赛，为学生点燃希望、实现梦想提供了渠道。但是竞赛制更多地关注结果，以成果为导向，无法做到对创新创业的过程引领和专业支持。四是导师制。导师制是高校普遍的创新创业组织模式。导师制能有效传承，具有耳濡目染之功效。但是导师制过分依赖导师的个人水平、专业精神、道德水平等。对学生个体的激发和团队的组织缺乏系统化、规范化的实施策略。

高校师生协同创新工作坊作为新的创新创业教育组织形式，兼具上述几种模式的优点。首先，师生协同创新工作坊综合了项目制的目标化、导师制的专业化优势。在师生协同创新工作坊中，以自选项目、竞赛项目、导师项目等为选题，目标导向十分明确。同时，师生协同创新工作坊具有较为专业的导师指导，专业化的创新经验和创新方法能有效传递。其次，师生协同创新工作坊注重努力开发标准化流程管理。师生协同创新工作坊作为团队，要实现高效、高质的发展，必须依赖团队团结一心，向共同的目标冲锋。按这一目标，需要开发工作坊人力资源管理、支持保障管理、项目运作管理、绩效评估管理等标准化流程。

（二）为高校创新拔尖人才培养提供实践样本

我国高等教育发展迅速，其规模早就居于世界第一，2019 年全国各类高等教育在学总规模 4002 万人，高等教育毛入学率 51.6%。[1] 显

---

[1]　中华人民共和国教育部. 教育部发布 2019 年全国教育事业发展统计公报［EB/OL］. http：//www. moe. gov. cn/jyb_ xwfb/s5147/202005/t20200521_ 457227. html，2020 – 05 – 21.

然，我国已经是高等教育大国。假以时日，我国一定会成为世界高等教育强国。衡量成为高等教育强国的重要指标之一，就是人才培养质量。虽然高等教育为我国，乃至世界培养了大量人才，但在创新拔尖人才培养方面还任重道远。尤其是"钱学森之问"的提出，给高教人提出了重大命题，即如何培养大师级人才。诚然师生协同创新工作坊并不一定能马上培养出大师，但作为一种人才培养模式，可以为高校改革发展提供新的思路和新的启发。

当前，高校创新人才培养模式不少，就团队培养而言，尤其是本科阶段的团队培养，主要有书院制和卓越班等模式。其中，书院制是不少研究型高校培养拔尖人才的模式，主要是创新思维培养。卓越班模式则是很多与行业紧密相连的专业开展的资源聚集型培养模式，如写作卓越班、教师卓越班、翻译卓越班等。另外还有创新创业学院模式，但该模式重点在于管理与教学系统的建立，在个体创新和团队创新培育上尚少见成功的范例。

师生协同创新工作坊作为新的组织创新样本，可解决诸多传统培养模式难以处理的难题。就师资而言，师生协同创新工作坊不仅可以采用导师制，还可以采用坊员导师制，让学生当老师，让能者当老师，让先行者当老师。就管理而言，师生协同创新工作坊规模适度，内控灵活，可采用互助式、自发式管理。就运作而言，师生协同创新工作坊可开发标准化、系统化、流程化实施策略，为师生协同创新提供框架性支持。

（三）为高校学生发展与教育提供第三条支持路径

学生的发展与教育，是高校的核心工作。同时，大学生已经具备相当高的思维水平和价值判断能力，对他们的引领和管理尤为重要。就学生发展与教育而言，国内高校存在传统路径和补充路径两种模式。

高校学生发展与教育的传统路径是党团—学工管理路径。这种路径的逻辑是落实党的领导，通过学工系统实现对大学生的价值引领。从实践来看，这条路径对于我国规模巨大的高校在校生健康发展，起到了非常重要的作用。党团—学工管理路径，实现了意识形态和专业教育的有机结合，是我国本土特色的学生发展与教育模式，有着极其重要的意义。

高校学生发展与教育的补充路径是导师制—社团发展路径。这种路径的逻辑是师承化发展和优选化发展。就导师制而言，其和谐了师生关系，促进了学生对大学生涯的认同，让学生在言传身教中获得道德与专业的力量。就社团而言，学生的兴趣爱好与社交需求得到满足，能与专业课学习相得益彰，让学生拥有开阔的视野、健康的身心、高雅的志趣。

高校学生发展与教育的第三条路径是工作坊—协同创新路径。工作坊以创新为旨要，以协同为模式。就创新而言，为学生提供探索未来世界的机会和平台，让他们发现和享受创新的乐趣。同时，创新的成果为他们今后的继续学习和职业生涯打下坚实的基础，甚至能影响或改变其未来的人生轨迹。就协同而言，为学生提供互帮互学、共建共享的机制和支持，让他们在团队中发现自己的相对优势，从创新伙伴身上汲取榜样力量。高校师生协同创新工作坊不仅为他们提供团队支持，还为他们建立发展创新的人际圈子。

三、高校师生协同创新工作坊的特色分析

作为一种学习组织，高校师生协同创新工作坊具有如下特色。

（一）目标导向特色：以高效产出为驱动

1. 项目带动，目标明确

工作坊的创新行动依托具体的项目，项目的来源包括导师课题、竞赛项目、学生自选课题、专业与课程作业等。考虑到研究的延续性和专业性，同一类型的工作坊研究主题应该在相对时间内保持稳定。这种项目带动的创新模式，可以保持工作坊中心工作不动摇，且目标明确，指向创新成果的取得和创新意识的培养等。

2. 任务驱动，激发潜能

工作坊分成若干个分支机构，如元培学院、论著工作坊、创竞工作坊、研习工坊等。各分支机构各司其职，并列出对应的工作任务。坊员在各分支机构均担任一定职务，承担一定的管理职能，他们的专业技能和管理能力相结合，大大激发了其自我认同与发展潜能。

（二）规模适中特色：以小而精为基础

1. 精选坊员

高校师生协同创新工作坊受导师的健康状况、专业素养、工作量等因素影响，应该控制每位导师指导学生的数量。从绩效的角度考虑，一位导师指导不超过20人最佳。如此一来，就需要对坊员进行精选，将意愿强烈、有一定研究基础、具备一定创新品质的学生

遴选出来。另一方面，为了扩大学生受益面，在工作坊运作成熟、内部管理顺畅之后，可以考虑适度扩大坊员规模。

2. 精配导师

高校师生协同创新工作坊导师应该由专业水平高、道德品质好的老师担任，一般在校内选取。在特殊情况下，尤其是与行业结合紧密的学科和专业，也可以从行业挑选导师，或者从外校、外单位选聘导师。总之，宁缺毋滥、精选细配是工作坊导师制度的一大特色。

3. 精挑项目

高校师生协同创新工作坊由项目推动。项目的挑选既要结合导师的研究领域和指导能力，也要结合学生的研究基础和创新能力。因为高校师生协同创新工作坊的定位并不是针对全体在校生，而是培养创新拔尖人才，因此其运作项目要具有一定的高阶性和挑战度，站在本学科发展前沿和从重大现实需求的角度来设计或选取项目。

（三）自组织特色：以自动自发为取向

1. 专业分工和行政分工结合，实现高度协作

高校师生协同创新工作坊在实践中实行双线分工，即专业分工和行政分工相结合。从专业角度，将工作坊成员分为基础培训、论著撰写、项目研究、创新竞赛等类别。从行政角度，将工作坊成员分为工作计划、工作督查、绩效评估、报账、宣传、档案管理等角色。工作坊坊员之间的行政角色和专业角色是互相交融、彼此促进的关系，以实现高水平发展。

2. 自动化流程再造，实施工作清单制度

高校师生协同创新工作坊致力于自动化流程设计，促使创新工

作朝着高度自觉的方向发展。在流程设计中，主要细分为计划系统、监督系统、调适系统、评估系统。工作计划从行政和专业两个角度编制。监督工作由纪律委员、导师、坊员代表等组成机构执行。调适系统由各专业分工人员随着项目或创新进程加以反馈。评估系统主要采取成果记录和过程管理来发挥效能。此外，工作坊实施工作清单制度，将常规工作与偶发工作纳入清单，可以进行规范化操作与实施。

四、高校师生协同创新工作坊的创新点

（一）理论创新：协同学理论与工作坊交叉形成新的发展机制

1. 学术创新与管理创新结合

工作坊是高校师生协同创新工作坊的组织形态，同时也是创新的主要媒介，即通过师承来实现创新。协同是高校师生协同创新工作坊的运作形态，同时也是创新的主要支撑，即通过团队来实现创新。当工作坊与系统结合在一起时，实现了学术创新和管理创新的统一，在二者结合中形成新的人才发展与培养机制。

2. 协同学与工作坊耦合

协同学作为一种理论，存在其自身的要素和动力机制。在协同过程中有序参量、协同组织、自组织等要素。这些要素与工作坊耦合，生发出高校师生协同创新工作坊的动力之源。工作坊成员的创新认同感和理解能力是工作坊的序参量；整个导师与坊员交互的双线分工形成协同组织；工作坊的管理机制和运作机制混合构建起工作坊的自组织。

3. 个体发展与协同发展竞合

在工作坊中，个体的发展不仅包括学生坊员的发展，也包括导师的发展。工作坊导师通过指导、运作、检验相关研究项目，能够形成独特的学生培养模式，也能推动自我创新意识和能力的提升。同时，工作坊主要通过团队合作的方式来实现发展，在基础培训、资源共享、成果推广等领域依赖群体的动力发展。工作坊内部个人发展除了凭借合作方式之外，还存在其他坊员的竞争关系。这种竞争关系一是通过工作坊内部管理与激励机制来确立，二是通过营造人人争先创新的环境来不知不觉地孕育。因此，工作坊成员不仅要个体发展，也要协同发展；不仅要通过竞争发展，还要通过合作来发展。个体发展与协同发展的竞合，形成了协同学理论与工作坊理论的叠加效应。

（二）实践创新：人才培养模式创新

1. 组织形式新

高校师生协同创新工作坊的最大创新，是将工作坊引入高校人才培养中，形成与班级授课制、导师制、学院制、社团制等不尽相同的新模式。工作坊作为一种组织架构，具有规模适度、灵活稳定、交互性强等特点，适合创新型、拔尖型人才的培养。

2. 管理机制新

高校师生协同创新工作坊的管理创新，在于协同机制。此协同，不是单向的配合与支持，而是全维度、全方位的协同。包括学生之间的协同，学生与教师的协同，创新项目与工作推进之间的协同，计划系统、实施系统、监督系统、调适系统、评估系统之间的协同，等等。

3. 发展模式新

高校师生协同创新工作坊的根本宗旨，是要实现坊员的高质量、高水平发展。这是新时代建设高等教育强国的有益探索，为学生发展，尤其是拔尖人才发展提供行动方案和操作路向。如果得以系统组织、精心运作，可能成为与传统人才培养相得益彰的新模式。

第二部分 02

行动方略

第五章

高校师生协同创新工作坊的组织结构（上）

　　高校师生协同创新工作坊以何种组织方式存在，事关工作坊的发展大计。组织方式最核心的特征是以某种功能将人聚集起来，从事特定的工作或完成相关任务。组织方式的科学性，决定了组织运行效率及工作产出。高校师生协同创新工作坊的组织机构，应当遵循效率最高化原则，即组织结构的呈现要有助于创新工作开展。另一方面，高校师生协同创新工作坊的组织结构也要考虑坊员在校期间的学业发展需要。如果仅从工作坊自身的研究功能来设计组织结构，可能与学生的学业发展形成冲突，造成让学生二者选其一的不利局面。

　　本章及下一章所论的组织结构，并非所有高校师生协同创新工作坊都能参照，仅仅是笔者数年来组建、指导、运作、改革师生协同创新工作坊的实际经验的凝练。本书两章所列举的组织结构，是从学生整个大学在校期间所必须经历的重点工作出发，结合师生协同创新的组织动力所需，围绕创新研究和坊员发展两大主旨而设计的。

　　笔者所在的师生协同创新工作坊，主要从事有关教育的创新研究，故在实际运作中全称为教育协同创新工作坊。工作坊分为预培学院、元培学院、论著工作坊、创竞工作坊、课程工作坊、研习工作坊、社会服务工作坊、生涯规划工作坊八个分支机构。本著作所列举的大部分案例，也源于前述教育协同创新工作坊的实际运作。教育协同创新工作坊八个分支机构图示如下。

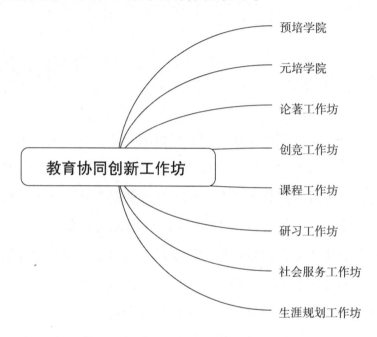

图 5-1　教育协同创新工作坊分支机构

一、高校师生协同创新工作坊之预培学院

（一）预培学院界定

"预"为预先、预备，也可理解为事先、事前。"培"有培养、培育之意。预培学院之功能，即为高校师生协同创新工作坊培养预备人才。在高校师生协同创新工作坊内部设立预培学院，其目的是

尽可能广泛地发现人才、网罗人才。因为工作坊从事创新之工作，对相关人才有特殊要求，包括灵活的思维、广阔的眼界、坚韧的意志，等等。成立预培学院可以从较大范围发现具有前述品质或潜力的同学，把他们集中起来，或通过观察，或通过考核，最终遴选出双方具有强烈意愿的坊员人选。

总之，预培学院是高校师生协同创新工作坊的预科学校，是工作坊发展的人才储备库，是扩大工作坊影响力的宣传载体。

（二）预培学院职责

预培学院的职责主要包括如下几项。

1. 招新

一是招新的准备工作。具体包括确定招生范围，确定招新时间，准备招新场地，完成招新方案撰写，确定招新程序，完成招新命题，开展招新宣传。

二是招新的具体实施。包括组织参与招新人员加入群聊，填写招新申请表，组织笔试、心理测试、面试、面谈，改卷、讨论入围人选、发布招新结果等。

三是招新的档案整理。将坊员的申请表、试卷装订归档，将面试、面谈、入围讨论的录音录像资料归档，发布招新宣传新闻等。

2. 育新

一是面向潜在入坊人员的宣传。对于通过自荐、推荐的同学，将其纳入预培学院管理。工作坊所有的通知、培训、会议、研讨等向他们开放，让他们感受到工作坊的价值观和专业发展趋向。

二是观察坊员的管理。已经确定加入工作坊的成员，也纳入预培学院管理。可以给予其参与正式培训、研讨、活动、会议等权利，但不做强制要求。

三是见习坊员的引导。对于通过遴选进入工作坊的见习坊员，引导其在见习期间明确组织运行机制、参与工作坊研究项目、承担工作坊行政管理工作。

3. 转正考核

一是制定转正规则。从考勤、与工作坊师生互动、参与项目的研究质量、承担管理工作的效率、宣传工作坊事务等方面确定转正规则。

二是确定转正程序并实施。明确转正由提出申请、提交见习期表现、自评与坊员互评、讨论工作表现与业绩、形成考核决议等程序组成。

三是明确转正考核的结果使用。对于通过转正考核的坊员，给予其正式坊员身份，享受学校、学院规定的加分奖励。同时根据见习期表现和工作匹配度适当调整工作分工。对于未通过转正考核的坊员，则采用退出工作坊或延长考核期的措施。

（三）预培学院工作清单

表 5 - 1　预培学院工作清单

编号	时间段	内容	责任人	材料下发/ 上交类型	材料 接收人
1	每年3月 15日前	选拔大一新生进入 工作坊	预培学院院长	电子稿	预培学院院长
2	每年10月 1日前	见习坊员转正考核	预培学院院长	电子稿	预培学院院长
3	每次活动后	活动记录	预培学院院长	电子稿	预培学院院长

案例

教育协同创新工作坊 2020 年招新筹备方案（节选）

1. 列明对新生具有吸引力的支持条件

例如，2019 级教育协同创新工作坊招募寻找明日之星！我们将为你提供包括但不限于以下支持：

（1）科学的学业规划与指导

（2）高效的就业策划与指导

（3）专业的考研定位与指导（可选）

（4）大学生创新创业训练项目申报以及"互联网＋"竞赛指导

（5）参与老师的课题研究项目

（6）发表文章

（7）毕业论文指导

（8）融洽的团队聚餐、沙龙等活动

（9）提供舒适的固定办公学习场所

2. 列出招新要求

例如，欢迎这样的你加入：

（1）意志力坚强，并能傻傻地坚持，中途不退出。

（2）善于合作，能理解严格的要求，能发现世界的宽容。

（3）懂得放弃，善于分配时间。

（4）热爱生活，对世界抱有好奇心。

（附上 QQ 群或微信群二维码）

3. 列明招新程序

（1）笔试（20 分钟题目，所有报名者均可参加，仅限某级别

专业学生)

（2）面试（每人限时 30 分钟）

4. 撰写指导老师简介

例如：张三，男，博士，副研究员，广西教育科学专家。承担国家、省级各类课题 10 余项，发表文章 100 余篇，出版著作 6 部。18 岁投身于教育工作，从小学到中学，再到大学，地域跨越四川、浙江、湖北、广东、广西等地，足迹踏遍祖国山山水水。幽默、宽容、坚韧，有信仰、懂学生。有意加入的同学请进群!

5. 师生协同筹备招新

（1）预培学院院长进行招新方案的撰写以及安排好招新的相关详细事宜，组织工作坊所有成员各施所长准备好招新相关材料。

（2）工作坊指导老师负责招新方案、材料的检查、指导，以及招新笔试、面试的试题撰写。

6. 制定应急预案

（1）遭遇突发情况，无法在预定时间周期内正常进行招新。例如：2020 年由于新冠病毒肺炎疫情的影响，开学时间发生错乱，可以根据确切的开学时间再做调整，严格遵守疫情防控规定，利用互联网适当调整招新方式，将线下招新改为线上进行。

（2）全权负责招新的预培学院院长由于不可抗拒的个人因素无法正常组织招新，其他工作坊机构负责人商讨推举一位新的总负责人对接招新工作，一般情况下默认元培学院院长为对接工作人选。

二、高校师生协同创新工作坊之元培学院

（一）元培学院界定

"元"有初始、第一、首要等含义。元培意为基础性培养、起点性培养。从本科教育发展渊源上看，北京大学于2001年启动元培计划，进行本科教育人才培养模式改革。北大的元培学院是首个非专业类学院，即对学生进行基础性、分流性培养。另外，"元培"取北京大学老校长蔡元培先生之名，也有缅怀、致敬的深意。

高校师生协同创新工作坊之元培学院，是具体负责工作坊运行和管理的分支机构。元培学院与工作坊其他分支机构相比，具有基础培训和基本管理的职能。一般来说，高校师生协同创新工作坊全体坊员都属于元培学院的学员。

（二）元培学院职责

元培学院重在基础培训和基本管理，结合工作坊创新研究的基本任务，其工作职责主要分为三部分。

1. 基础培训

基础培训包括四个方面。

一是研究选题培训。选题是所有创新研究工作中最具挑战性的工作，元培学院要总结关于选题的方法、选题的论证、选题的调整等培训资料，并对坊员进行相关培训。

二是研究方法培训。包括研究范式、研究方法、研究手段的选取，项目开题准备、研究框架确立、参考文献著录、结项报告及论

文格式等，都需要系统谋划，按需培训。

三是竞赛指导。坊员申报各类创新项目、参与各种创新项目训练、参与各级创新项目竞赛，都由元培学院提供基础指导。

四是引导坊员制订个人发展规划。有关发展规划的内容结构、发展规划的文本撰写、发展规划的交流研讨、发展规划的对照评价等，都是元培学院的工作职责。

2. 项目运作

元培学院承担创新项目的具体运作和指导，主要包括三个方面。

一是项目申报。指导相关成员选择研究项目、撰写申报书、修改申报活页、组织申报论证等。

二是调配项目研究的人力资源。在整个工作坊内部分配创新研究的人力资源，根据不同坊员的研究基础和研究特长，组成若干项目组，最大限度发挥坊员的研究潜能。

三是项目中期管理。在研究项目实施过程中，元培学院负责时间节点、研究协调、人力调整、资源整合等工作。

3. 全坊管理

这里的全坊管理主要是指行政角度的管理，主要包括三个方面。

一是制定管理制度。包括坊员的考勤制度、培训制度、学习制度，等等。需要强调的是，工作坊作为学术训练和创新组织，其内部管理制度既要有刚性底线要求，又要有柔性的个性化取向，不能用制度把坊员管得死死的，磨灭其创新品质。

二是建立监督机制。包括工作进度监督、工作效率监督、工作主动性监督，等等。这里的监督，可以采用互助式提醒、时间节点提醒、倒计时提醒等柔性方式。

三是建立激励机制。站在全坊角度，建立过程激励和结果激励两个维度的激励体系。包括对工作过程中表现较佳者的及时鼓励、奖励，对工作终结后成果突出者的褒扬、激励等。激励机制可以设计包括物质、经济、精神多方面的内容。

（三）元培学院工作清单

表5-2　元培学院工作清单

编号	时间段	内容	责任人	材料下发/上交类型	材料接收人员
1	每学期1次随机	组织工作坊交流与实践活动	元培学院院长	电子稿	元培学院院长
2	根据需要随机	参与创新项目研究	元培学院院长	电子稿	元培学院院长
3	根据需要随机	安排工作坊成员内部培训：研究方法、成果展示、竞赛指导等	元培学院院长	电子稿	元培学院院长
4	每学期1~2次	根据进展安排面向全校或特定学生的讲座（师生合作）	元培学院院长	讲座稿、讲座PPT	元培学院院长
5	每学期放假后一周左右	检查成员，组织成员填写个人发展规划落实情况	元培学院院长	发展规划表	元培学院院长
6	每学期开学第1周	工作坊成员上交发展规划并组织交流研讨	元培学院院长	发展规划表	元培学院院长
7	每年3月20日前	组织工作坊成员及老师见面会	元培学院院长	电子稿	元培学院院长

续表

编号	时间段	内容	责任人	材料下发/上交类型	材料接收人员
8	放寒假前	大创研究小组基础培训；申报书撰写	元培学院院长	电子稿	元培学院院长
9	每年1月20日前	论文撰写基础培训（选题、检索、综述、方法、框架、参考文献等）	元培学院院长	电子稿	元培学院院长

案例

师生协同创新工作坊SPSS操作培训会议程

时间：2019年9月26日18：00—19：10

对象：李老师、全体坊主与大创项目成员

地点：明德楼401

主持：黎裕明

主题：SPSS积差相关分析

程序：

1. SPSS在教育研究与统计中的应用，20分钟以内

2. SPSS的积差相关分析，20分钟以内

3. 互动提问，30分钟以内

要求：

1. 不可迟到，遵守会议规定，不得玩手机。

2. 带上笔记本做好记录。

3. 若有事不能到场，需要找李老师批准请假。

三、高校师生协同创新工作坊之论著工作坊

（一）论著工作坊界定

论著工作坊主要负责论文与著作事宜。论文、著作是工作坊创新研究的主要成果表达方式，是传播工作坊研究成果、形成社会影响力的主要载体。论著工作坊成员由论著撰写者及指导老师组成。论文撰写者包括从事创新项目研究的成员，也包括撰写毕业论文、专题著作的坊员或老师。因高校师生协同创新工作坊有协同之特征，故教师可能既是指导者，又是参与者。论著创作是高度创新的工作，因此工作坊在设计具体工作事项时应考虑到不同写作思路、不同写作风格的需求。

（二）论著工作坊职责

论著工作坊围绕论著的酝酿、创作、出版等事项展开，其主要工作职责有如下三个方面。

1. 论著写作基础培训

工作坊论著类型大致包括论文、著作、结题报告等。其中，论文又有项目论文、毕业论文、自研论文等，著作有专著、教材、文集等形式，结题报告有项目结题报告、调查报告、资政报告等形式。在工作坊开展创新研究过程中，这几种类型的论著都可能遇到。论著工作坊应从最基础的论文写作格式、论文结构、语言修饰、参考文献等培训开始，对坊员进行系统的培训。对于有一定研究经验，已经熟练掌握论文基本要素的坊员，则对他们进行论文创新性、前

瞻性、开拓性的专题培训。

2. 论著创作流程管理

论著的撰写是极其辛苦的。设置科学的流程，在关键节点对学生进行指导，能降低创作难度，提升论著质量。根据研究论著的规范要求，流程管理大致可分为选题与命题管理、结构与框架管理、语言与格式管理、文献与注释管理等。根据这些具体流程，结合论著的撰写难度和资源占有情况，大致确定完成各阶段任务的时间节点，并对每个阶段对应的管理内容进行规范，如选题要有价值、有创新、不能简单重复等。

3. 论著发表（出版）协作支持

写论著难，发表（出版）更难。论著工作坊要为坊员提供专业、高效的论著发表（出版）协作支持服务。具体来说，包括三个方面。一是整理发表（出版）资源。无论是期刊、报纸的理论版，还是出版社，都可以根据本工作坊的研究类型和方向，整理出相匹配的资源。二是培训发表（出版）技巧。对于报刊与出版社的重点选题、报刊的栏目设置和风格、审稿流程、审稿周期、稿件偏好、格式要求等方面，可以分类总结出相关材料，对工作坊坊员进行统一培训，以提高发表（出版）的命中率。三是提供发表（出版）修改指导。好文章是改出来的，如何修改文章也是一大难题。对坊员开展专业性培训，从修改文章的原则，如何增删，如何匹配编辑要求，如何达到学术规范等进行示范性解读，有利于坊员快速进入状态，对论著进行精细化加工。

4. 收集整理资料

论著工作坊是高校师生协同创新工作坊直接产出成果的工作坊，

对资料的分类整理尤为重要，应当有强烈的文献意识。论著工作坊的资料大致可分为各类培训资料、论著创作资料、投稿资料，等等。

（三）论著工作坊工作清单

表5-3 论著工作坊工作清单（论文部分）

编号	时间段	内容	责任人	材料下发/上交类型	材料接收人员
1	每年约1月5日前	老师与学生双向选择，符合限制性条件者才指导，宁缺毋滥	论文撰写人、合作导师	无	论著工作坊坊主
2	每年约1月10日前	下发论文工作安排、论文管理规定及附件（往年）	论著工作坊坊主	电子稿	无
3	每年约1月20日前	基础培训（选题、检索、综述、方法、框架、参考文献）并确定选题	元培学院院长	电子稿	论著工作坊坊主
4	放寒假前	撰写开题报告	论文撰写人	电子稿	论著工作坊坊主
5	按进度要求	开题并提交开题报告定稿	论文撰写人	电子稿	论著工作坊坊主
6	随机	撰写论文框架、问卷访谈提纲等	论文撰写人	电子稿	论著工作坊坊主
7	2—3月	开展研究	论文撰写人	无	无
8	4月1日前	完成论文初稿并进行格式审查	论文撰写人	电子稿	论著工作坊坊主
9	4月15日前	完成论文定稿	论文撰写人	电子稿	论著工作坊坊主

编号	时间段	内容	责任人	材料下发/上交类型	材料接收人员
10	按进度要求	答辩	论文撰写人	PPT 及纸质稿	无
11	按进度要求	上交答辩材料	论文撰写人	按管理要求	论文小组组长
12	6月30日前	从优秀论文中遴选并修改尝试发表	合作导师	电子稿	论著工作坊坊主
13	6月30日前	收集、整理论文相关资料，汇总存档	论著工作坊坊主	电子稿	论著工作坊坊主

案例

工作坊论文协同审核三十三问

第一部分：选题与命题审核

选题

第一问：选题是否有价值

第二问：选题是否简单重复

第三问：选题是否有创新

题目

第四问：题目是否能概括文意

第五问：题目是否通顺

第六问：题目是否引人入胜

第七问：题目是否简洁

第二部分：摘要与关键词审核

摘要

第八问：摘要总字数是否符合要求

第九问：摘要论述是否有层次

第十问：摘要论述人称是否正确

关键词

第十一问：关键词数量是否超标

第十二问：关键词是否能凝练核心要义

第十三问：关键词之间标点是否符合要求

第三部分：结构与分论点审核

结构

第十四问：文章各部分之间逻辑关系是否清晰

第十五问：文章是否有冗余的部分

分论点

第十六问：分论点是否围绕总题目展开

第十七问：分论点之间是否具有并列、递进关系，或是否围绕理论框架展开

第十八问：各部分论证是否围绕分论点展开

第四部分：语言与标点审核

语言

第十九问：语句是否通顺

第二十问：句子成分是否完整（特殊及有风格的表达方式除外）

第二十一问：同一段话前后句子是否具有逻辑性和层次性

标点

第二十二问：标点是否正确

第二十三问：符号是否规范

第五部分：文献与注释审核

参考文献

第二十四问：参考文献是否有遗漏

第二十五问：参考文献编号是否连续

第二十六问：参考文献格式是否正确

注释

第二十七问：注释是否体现了补充说明和解释的功能

第二十八问：注释格式是否准确

第六部分：全文格式

第二十九问：单位名、作者名、作者简介是否符合刊物要求

第三十问：字体、字号、间距、页边距等是否符合要求

第三十一问：图表是否有编号

第三十二问：引用片段字体是否单独显示

第三十三问：文末是否附有联系方式

案例

论文参考文献著录格式

讲解人：冯美琪

图5-2　师生协同创新工作坊（教育）参考文献著录培训PPT（节选）

（三）参考文献具体格式:

A.连续出版物
［序号］主要责任者. 文献题名［J］. 刊名, 出版年份, 卷号(期号): 起止页码.
［1］袁庆龙, 侯文义. Ni-P合金镀层组织形貌及显微硬度研究［J］. 太原理工大学学报, 2001, 32(1): 51-53.
B.专著
［序号］主要责任者. 文献题名［M］. 出版地: 出版者, 出版年: 页码.
［3］刘国钧, 郑如斯. 中国书的故事［M］. 北京: 中国青年出版社, 1979: 115.
C.会议论文集
［序号］析出责任者. 析出题名[A]. 见(英文用In): 主编. 论文集名[C]. (供选择项: 会议名, 会址, 开会年)出版地: 出版者, 出版年: 起止页码.
［6］孙品一. 高校学报编辑工作现代化特征［A］. 见: 中国高等学校自然科学学报研究会. 科技编辑学论文集(2)[C]. 北京: 北京师范大学出版社, 1998: 10-22.
D.专著中析出的文献
［序号］析出责任者. 析出题名[A]. 见(英文用In): 专著责任者. 书名[M]. 出版地: 出版者, 出版年: 起止页码.
［12］罗云. 安全科学理论体系的发展及趋势探讨[A]. 见: 白春华, 何学秋, 吴宗之. 21世纪安全科学与技术的发展趋势[M]. 北京: 科学出版社, 2000: 1-5.
E.学位论文
［序号］主要责任者. 文献题名［D］. 保存地: 保存单位, 年份.
［7］张和生. 地质力学系统理论［D］. 太原: 太原理工大学, 1998.

图 5-3　师生协同创新工作坊（教育）参考文献著录培训 PPT（节选）

四、高校师生协同创新工作坊之创竞工作坊

（一）创竞工作坊界定

创竞是创新竞赛的简称。高校师生协同创新工作坊的主体工作是创新研究，但培养学生创新思维和创新意识的渠道不仅仅包括创新研究项目。创新竞赛是大学生展示、交流创新成果的重要平台，不少比赛已经具有较大影响力，比如中国"互联网＋"大学生创新创业大赛已经举办了五届，极大地促进了大学生创新思维品质发展，创新产品层出不穷。创竞工作坊专为坊员提供创新竞赛的申报、运作、管理等支持。此外，大学生创新项目作为常规的学生训练项目，也被纳入创竞工作坊工作范畴。综上，创竞工作坊是承担创新项目及创新竞赛的协作型支持组织，是高校师生协同创新工作坊的重要分支机构之一。

（二）创竞工作坊职责

创竞工作坊的职责主要有如下三个方面。

1. 创新竞赛项目申报

这里的创新竞赛项目包括两类，一是创新训练项目，其结果并不以竞赛方式呈现。二是创新竞赛项目，结果以等次的方式呈现。无论是何种类型，参与其项目的首要工作都是申报。

申报工作主要包括三个方面内容。

第一，选题确定。即选择什么选题申报，以什么命题申报，这是项目申报的首要任务，也是项目申报的难点。

第二，团队组合。即组合创新项目或创新竞赛的参加团队，包括学生团队和导师团队。以工作坊的形式申报，可以充分发挥团队成员优势，从而实现研究能力互补。

第三，申报书撰写。不少工作坊成员从未有参加创新项目和创新竞赛项目的经验，必须对他们进行申报书撰写指导。包括格式规范、文献著录、研究论证、研究设计、研究创新点、研究成果、经费预算等，都需要从较低起点开始指导。

2. 创新竞赛项目运作

创新训练项目和创新竞赛项目都需要实际运作。创竞工作坊在指导项目运作过程中不能事无巨细，要抓住主要矛盾，主要引导好以下四方面工作。

第一，科学制定项目实施方案。实施方案是项目运作的设计图，其科学合理与否，决定了项目是否具有可操作性。工作坊为各项目组设计一项一案，尽可能贴近项目需求。

第二，合理确定项目推进时间节点。当代大学生的校园生活并非我们想象的云淡风轻，而是有不小的压力。合理确定项目推进的时间节点，能帮助项目组合理管理研究时间，有条不紊地完成预期目标。

第三，合理设计项目成果呈现方式。项目成果是系列论文还是结题报告，是论文合集还是研究专著，是调查报告还是资政报告，都需要工作坊从专业角度加以选择。

第四，指导项目顺利结题。项目结题需要按预期设计提供有关材料，并填写有关申请书，完成项目答辩，展示项目成果等。工作坊在前人基础上提供科学的指导意见，有助于实现项目高效率结题和高水平结题。

3. 创新竞赛项目管理

创新竞赛项目成于坊员，败于管理。项目立项或申报以后，后期的管理至关重要。创新竞赛项目的管理内容众多，重点要把握好以下三个方面。

第一，团队内部分工与调整。在项目运作过程中，发现有成员不适宜继续担任某项任务，或由于种种原因不能继续工作，要当机立断调整补充人员，确保研究项目不中断、不终止。

第二，财务（报账）管理。财务管理具有规范性、强制性特征，项目的经费管理必须严格遵守有关规范。无论是导师主导的创新项目，还是学生主导的创新项目，都需要进行规范化指导。

第三，后期资料分类。资料存储是为了后期提取和二次利用。新承担创新项目和创新竞赛项目的同学，需要有前人的资料作为参照，也可避免前人的失败，站在前人的肩膀上开展工作。

（三）创竞工作坊工作清单

表5-4　创竞工作坊工作清单

编号	时间段	内容	责任人	材料下发/上交类型	材料接收人员
1	每年约1月5日前	老师与学生双向选择，符合限制性条件者才指导，宁缺毋滥	大创小组组长、李老师	无	创竞工作坊坊主
2	每年约1月10日前	下发学校大创工作安排、第二课堂管理规定及附件（往年）	创竞工作坊坊主	电子稿	无
3	放寒假前	基础培训（选题、检索、综述、方法、框架、参考文献）并确定选题	元培工作坊坊主	电子稿	创竞工作坊坊主
4	放寒假前	撰写大创申报书	大创小组组长	电子稿	创竞工作坊坊主
5	每年约3月30日前	下发文件、修改大创申报书、格式审查、提交材料	大创小组组长	电子稿	创竞工作坊坊主
6	4月1日前	参加"互联网+"创新创业竞赛、格式审查、提交材料	大创小组组长	电子稿	创竞工作坊坊主
7	按学院要求	参加挑战杯创新创业竞赛、格式审查、提交材料	大创小组组长	电子稿	创竞工作坊坊主
8	5月	确定研究时间节点及主要研究方法	大创小组组长	电子稿	创竞工作坊坊主
9	随机	撰写论文框架、问卷访谈提纲等	大创小组组长	电子稿	创竞工作坊坊主

续表

编号	时间段	内容	责任人	材料下发/上交类型	材料接收人员
10	5—9月	开展研究	大创小组组长	无	无
11	6月30日前	形成核心小论文并修改尝试发表（针对自选项目）	李老师	电子稿	李老师
12	9月30日前	完成结项报告初稿并进行格式审查	大创小组组长	电子稿	创竞工作坊坊主
13	10月30日前	完成论文及结项报告定稿	大创小组组长	电子稿	创竞工作坊坊主
14	按学院要求（一般为3月）	结项答辩	大创小组组长	PPT及纸质稿	无
15	按学院要求（一般为4月）	上交材料	大创小组组长	按学校要求	创新创业部
16	4月30日前	从优秀论文中遴选并修改尝试发表（针对非自选项目）	李老师	电子稿	李老师

案例

大学生创新竞赛项目之问卷调查设计与实施培训文稿

一、调查问卷的定义

调查问卷也被称为调查表或询问表，它是以问题的形式记载研究者所要调查内容的一种印件，通过调查或询问得到应答者的相关数据，可以协助研究者进行问题研究。问卷可以是表格式、卡片式或簿记式。

二、问卷目的

可以用来帮助企业或者相关部门了解现在社会上的一种现象，从而进行研究，通过对数据和信息进行分析，得出有用的结论，对企业和相关单位的发展起到了重要的促进作用。因此，问卷对于任何一个组织和团队都是必不可少的。

三、问卷对象

首先，进行一份问卷调查的时候，对对象选择的第一个要求就是多元化。所谓多元化，是指我们所选择的调查对象应该尽可能地覆盖不同类型的人群。例如，在"快手和抖音两大短视频应用APP对小学生问题行为触发机制及矫正"这个课题中，问卷调查的对象包括小学生及其父母，通过对问卷结果进行分析，探讨引发小学生问题行为的机制以及矫正方法。我们对于小学生及其父母进行问卷调查，那么我们应该尽可能地覆盖拥有不同特点的小学生及其父母。小学生可以分为高低年级，或者按照性别来区分小学生，也可以按照不同的学校来区分小学生。父母可以从文化水平和家庭条件来进行区分。

其次，在进行一个问卷的时候，应该注意选择那些拥有认真态度的调查对象。有一些调查对象对于调查问卷并不是太过认真，那么从他那里所获得的调研数据往往不够好。这个时候就应该注意淘汰一些没有认真完成的问卷，从而确保自己问卷数据的合理性，以保证这种调研问卷数据的参考意义。

四、问卷问题的设计

（一）设计原则

1. 主题必须明确。我们要根据主题，从实际出发，目的明确，重点突出，要时刻谨记，每个问题都是有导向的，不要问可有可无的问题。

2. 结构要合理，具有逻辑性。我们在设计问题的时候，要顺应答者的思维，问题的编排应有一定的逻辑顺序。一般是先易后难、先简后繁、先具体后抽象。

3. 语言表达要通俗易懂。问卷应要让调查者明白、理解，并愿意如实回答。问卷的语气要符合被调查者的理解和认知能力，避免使用专业术语。

4. 问卷长度要合理。回答问卷的时间控制在10—15分钟。

5. 问卷的设计要有利于日后归类、统计和验证。

（二）设计程序

第一步：掌握调查的目的和内容

我们要进行问卷设计，首先要掌握调查的目的和内容，也就是规定问卷设计所需要的信息和内容。

第二步：收集相关资料

我们要知道，设计不能凭空捏造，一定要有依据，为了呈现一份完善的调查问卷，研究者必须要进行相关资料的收集整理。收集相关资料的目的有三点，首先是帮助研究者或撰写问卷者加深对所要调查问题的认识；其次是丰富所设计问题的素材；最后是对目标总体有更加清晰完整的概念。

第三步：确定调查方式

不同类型的调查方式对问卷设计有一定的影响，为了方便统计，我们一般只采用一到两种调查方式。调查方式一般分为线上调查和线下调查，如访问、邮寄、网上发放等方式。

第四步：明确内容

在完成第三步选择调查方式后，下一步就是明确每个问题的内容。问题应该问什么，应该设置什么内容的答案，是否全面，是否切中要害，我们既要考虑全面，也要一针见血。

第五步：问卷结构

问卷的一般结构有标题、说明、主体、编码号、致谢语5项。我们一般会根据这5项编撰问卷。

1. 标题

每一份问卷都必须制定一个研究主题。研究者要给该主题定题目，用来反映这个研究主题，吸引应答者的兴趣，让应答者明白自己所填写问卷的主题。

2. 说明

问卷开头要有一个说明。它一般用来说明这个调查的目的和意义、填答问卷的要求和注意事项等，说明后面需要填上调查单位、名称、年月日。

3. 主体

它是问卷的主要内容，将我们所要研究的问题具体化，是问卷的核心部分。

4. 编码号

对于一些规模较大，并且需要运用电子计算机统计分析的调查，要求所有的资料数量化、数字化，所以这类问卷就要增加一项编码号内容。

5. 致谢语

身为研究者，为了表示对应答者的真诚感谢，我们应当在问卷的末端或在开头的说明中写上感谢的话。

第六章

高校师生协同创新工作坊的组织结构（下）

五、高校师生协同创新工作坊之课程工作坊

（一）课程工作坊界定

课程工作坊是从事课程教学创新的机构，是高校师生协同创新工作坊的分支之一。工作坊的主体是坊员，他们的另一个身份是学生，学生的基本学习内容是课程。在高校师生协同创新工作坊里专设课程工作坊，其一是为了提升坊员学习效能，以研究的精神改良大学课程学习；其二是为了促进工作坊导师进行课程教学创新。总的来说，课程工作坊是提升课程活力、创新课程实施方式、强化课程绩效的协作型组织。

（二）课程工作坊职责

1. 指导实施创新型学习方式

大学生课程学习效率低下的原因之一，是学习方式呆板，学习动机未能充分被激发。课程工作坊创新并实施的学习方式有如下几

种：一是小组合作学习。通过数人组合的小组，分工合作完成学习任务。二是团队研究性学习。解决课程学习中的特定问题或为了完成特定任务，组成小团队进行研究性学习。团队研究性学习与小组合作学习的区别在于：前者可能是临时性的，团队完成任务则解散，而合作学习的团队可以长期存在。三是学生授课。大学生已经具备相当的逻辑思维能力，可以尝试学生授课。四是团队竞赛式学习。通过分组竞赛、分任务竞赛等方式，激发学习热情与潜能。五是学生团队或个人展示学习成果。在前面几种新型学习方式的基础上，让学生站在课堂中央，展示学习成果。

2. 实施师生协同教学

师生协同教学是高校师生协同创新的载体之一，通过协同教学能增加学生对课程的理解与认同。师生协同教学的主要内容有：一是共同确定课程目标。课程既定的教学目标不一定完全适合学生的起点，师生可以在开课之前共同讨论，确定合适的目标。二是共同拟定教学重难点。教材编写者只是界定了通常情况下的教学重难点，师生可以根据学生起点和需求再次检视。三是师生合作教学。讲台并不是教师的专利，让学生当小老师，能增进他们对课程的全局把握。对师范类专业学生来说，师生合作教学更能锻炼学生的教学能力。四是整理课程思维导图。通过整理思维导图，厘清课程逻辑结构，同时能增进对课程的认知，对知识体系起到内化之作用。

3. 创新课程评价体系

课程评价起着导向作用，是大学生课程学习的指挥棒。创新课程评价体系有几项主要内容：一是增加平时成绩比重。大幅提升平时成绩比例，吸引学生认真参与过程化学习。二是科学设计成绩结构，在出勤、纪律、课堂表现、作业等项目科学分配成绩比例。三是增加学生自评项目，小组学习、课堂管理、作业评价等，都可以让学生参与。四是强调过程性学习和互动化学习。教学过程中大幅增加过程性研讨，对于师生互动、生生互动、课内外互动等赋予一定分值。五是评价主体由教师转向学生。能让学生评价的项目，教师尽量不评价，而重在评价方法指导和评价公平性引导。

4. 整理重要课程学习材料

整理重要课程学习材料是创新学习的基础工作。该项工作主要包括五方面内容：一是课程教学大纲。根据学习情况及时修正教学大纲。二是课程考试大纲。根据学生考试情况及对难易程度的反馈修正考试大纲。三是教学设计及 PPT。导师根据课程实施情况补充完善教学设计和 PPT，紧跟形势发展与需要。四是课程复习资料。整理课程复习资料，让学生明确课程内容体系，为期末测试打下基础。五是课程补充资料，其他诸如课程学习的过程化资料。

（三）课程工作坊工作清单

表 6-1 2018—2019 下学期课程工作坊工作清单

编号	时间段	内容	责任人	材料下发/上交类型	材料接收人员
1	学期末，下学期排课公布后	讨论本课程教学目标及重难点章节	课程工作坊坊主	电子稿	课程工作坊坊主
2	学期末，下学期排课公布后	讨论本课程需要的补充教学资源	课程工作坊坊主	电子稿	课程工作坊坊主

编号	时间段	内容	责任人	材料下发/上交类型	材料接收人员
3	学期末，下学期排课公布后	讨论本课程可以采取的师生协同教学内容及方式	课程工作坊坊主	电子稿	课程工作坊坊主
4	开学第一次课后	制定平时成绩构成说明并在全班公布	学习委员	电子稿表格形式	课程工作坊坊主
5	开学第一次课后	推荐常规教学管理负责人（考勤、纪律、课堂表现、作业、课前主持等）	学习委员	电子稿表格形式	课程工作坊坊主
6	每学期第六周后、第十周后或随机	布置平时作业并收集、评阅、计分	学习委员	纸质或电子稿	课程工作坊坊主
7	随机	上交课堂操作、讨论等有价值的学习资料	学习委员	纸质或电子稿	课程工作坊坊主
8	学期最后一次课	提交平时成绩证明材料（考勤表、格言、朗诵、课堂表现等）	学习委员安排	纸质或电子稿	课程工作坊坊主
9	学期最后一次课	下发复习提纲或指引	学习委员或指定	纸质或电子稿	课程工作坊坊主
10	学期放假前	收集学生评教意见，汇总发给教师	学习委员	纸质或电子稿	课程工作坊坊主

案例

关于调整课程成绩结构的申请

玉林师范学院教务处：

根据《关于公布玉林师范学院 2019 年高等教育本科教学改革工程立项项目的通知》（玉林师院字〔2019〕43 号），《建设高水平应用型本科教育背景下师生协同教学模式的构建与实践》已被列为重点项目。根据项目既定改革需要，提出如下申请：

1. 2019—2020 学年度第二学期小文 181 班、182 班《小学语文教学论》《小学语文教学设计与实施》平时成绩占 60%，期末考试成绩占 40%。

2. 经授课班级学生代表讨论同意，上述课程平时成绩拟构成如下。

项目	分值	细则
考勤	10	采用扣分制：①迟到早退：第一次扣 0.5 分，第二次扣 1 分，依次成倍数累加，直到扣完为止。②旷课：第一次扣 1 分，第二次扣 2 分，依次成倍数累加，直到扣完为止。③请假：病假和事假加起来前三次每次扣 0.2 分，公假免扣，请假限 4 次以内。
课前朗读或演讲	10	要有情感、节奏，声音清晰、响亮，内容健康，阳光向上。
平时作业	10	按进度安排并评分。
学习过程	20	按学习进度，侧重在文本解读、教学设计、说课、片段教学等方面评价。
课堂纪律	10	采用扣分制：①玩手机：上课时间要求看不见、摸不着手机，违反者每次扣 2 分。②睡觉：课后在全班面前表演节目（唱歌、跳舞等），或者每次扣 2 分。③吃东西：不能在教室吃东西，违反者给全班一人买一份，或者每次扣 2 分。
合计	60	

以上妥否

请批示

教科院授课教师：李强

2020 年 1 月 6 日

案例

作业格式要求

1. 页边距

上、下、左、右各为 2.2cm。

2. 正标题

宋体二号字、加粗、居中，行间距要求段前、段后 0.5 行，若标题较长需设置两行，则第一行比第二行略长。

3. 正文

仿宋三号字，每段首行缩进两字符，回行顶格，字符间距、位置标准，行距为固定值 28 磅，文本两端对齐。

4. 标题顺序及格式

依次为"一、（一）1.（1）①"。

（1）一级标题"一、"：黑体三号字、加粗，独占行，起首缩进两字符；

（2）二级标题"（一）"：楷体三号字、加粗，独占行，起首缩进两字符；

（3）三级标题"1."：仿宋三号字、加粗，独占行，起首缩进两字符；

（4）以上标题如无独占行，统一按正文格式设置；

（5）四、五级标题"（1）""①"：起首缩进两字符；

（6）切勿使用自动编号功能。

六、高校师生协同创新工作坊之研习工作坊

（一）研习工作坊界定

"研习"是指集承办高校学生高端研学和社会实践活动、实习与见习培训指导活动于一体的综合实践、培训与研究机制的总称。研习工作坊具有三个特点：第一，研习的时间、空间有别于常规的课堂学习。常规课堂主要解决课程学习问题，研习指向实践，同时也是对课堂学习的检验。更重要的是，研习是对课堂学习的延伸和应用。第二，研习的运作具有群体、团队之特征。研习不能依靠学生个体完成，需要组成若干小团队。在团队内部，可能配备导师，也可能由学生自发培养小先生、小老师，以开展互帮互学。第三，研习主要解决实践、见习、实习、研学的疑难问题及发展趋势问题，指向创新和成果凝练，不主张解决一般性问题。一般性问题通过学校、学院的常规机制即可解决，研习工作坊的培训、指导要有一定前瞻性，主要寻找研习过程中的规律化手段、方法、策略等，最终目的是形成可以推广、复制的经验或创新成果。

（二）研习工作坊职责

1. 见习技能培训

见习是应用型专业提前接触行业实践的重要方式，理论性专业有时也需要接入相近或相关行业开展见习。工作坊为坊员及相关班级提供见习技能培训，主要包括四方面内容：一是观察点确定。见

习不能漫无目的，而是要聚焦于某个专题或某项任务而行动。如何选择观察点，如何为观察点设置二级指标，这些问题在见习之前就要弄清楚。二是观察工具使用。观察不仅需要手、口、耳、眼、头，还需要专业的工具支持。如观察量表、摄录设备，等等。三是观察记录与整理。如何记录是见习的重要问题，不管是概要式记录还是全景式记录，纸笔记录还是影像记录，这些都需要根据实际情况选择。四是见习反思文本呈现。见习的目的是总结或反思。如何梳理见习文本，如何组织见习总结的结构，如何提炼反思观点，这些都可以纳入研习工作坊的培训范畴。

2. 实习疑难指导

相对见习而言，实习更加深入具体。见习是仿真学习，而实习是实战化学习。预估实习疑难问题，能有效降低实习者的心理受挫感。实习疑难指导包括四个方面。一是实习团队管理。实习团队有两种含义，其一是高校派出的实习生组成的团队，其二是实习单位对接实习生的团队。前者存在出勤、安全、交通等需要统一管理的问题，后者存在任务分配、程序对接、示范指导等问题。二是实习期间心理调适。从在校生转变为实习生，要从心理上独立自主，化解工作中的各种压力，这些都需要心理调适。三是实习期间人际关系适应。从单纯的在校师生关系、同学关系过渡到要面临同事关系、上下级关系、服务对象关系等。四是实习期间时间管理。实习期间往往是毕业前夕，实习生同时面临就业、升学、完成毕业论文等重大挑战。只有清晰、科学、高效的时间管理，才能指导学生按部就班、有条不紊地度过这段时光。

3. 研学规划与设计

研学是研学旅行的简称。目前大多研学旅行项目在基础教育阶段展开，高等教育的研学旅行也逐步被重视起来。研学旅行不能异化为旅行研学，其重心在研和学，应当通过规划设计解决几方面问题：一是研学目标确立。研学不能漫无目的，也不能面面俱到，而是要集中解决一两个核心问题。二是研学目的地规划，根据研学目标来规划目的地，其目的地并不是越高端越好，而要匹配研学的需求。三是研学期间人文与专业成长载体设计。在研学过程学生如果获得认知与体验的提升，需要有过程性的指导方案。比如小型会议、沙龙式讨论、在线总结等，让学生边研学边成长。四是研学与坚定学习信念之关系讨论。研学设计一般和高校专业设置完全匹配，研学要促进学习信念坚定化，而不能动摇学习信念，更不能让学生怀疑专业选择的正确与否。当然学生发现自己的生涯规划与专业选择完全背离，进行二次选择与研学目标设计是不矛盾的。

4. 分角色承担研习行政工作

研习工作坊的成员，主要包括指导教师和坊员，要根据需要承担相应的职责。指导教师的主要职责是总体规划工作坊运行，培训坊员的指导能力，进行过程性和诊断性培训等。研习工作坊坊员的职责是设计整体方案；开展实习（见习、研学）前培训；安排实习（见习、研学）的时间、目的地、分工；实习（见习、研学）过程中进行信息反馈、协调导师到现场指导；实习（见习、研学）结束后整理相关材料等。

（三）研习工作坊工作清单

表 6－2　研习工作坊工作清单（师范专业学生实习部分）

编号	时间段	主题	具体内容	要求	上交材料清单	负责人
1	每年 1 月或 5 月	实习前试讲指导安排	训练、试讲、点评	1. 做好指导记录 2. 各小组准备内容尽量丰富 3. 点评及时反馈，点评内容具体详尽	指导记录	各组长
2	每年 1 月或 5 月	实习前培训	《课堂观察》《教师工作观察》	1. 做好课堂笔记 2. 及时反馈学习问题 3. 校内指导教师答疑	学习成果总结（电子）	各组长
3	每年 2 月或 6 月	实习前试讲、培训指导结束后说课、试讲考核	校内指导教师指定内容：小学语文或数学	说课时间在 5 分钟内，讲课时间在 10 分钟内	1. 教学设计一份 2. 说课稿一份 3. 讲课 PPT 一份 4. 普通话水平等级证书复印件一份	各组长
4	每年 4 月至 6 月或 11 月至 12 月	实习中期检查	1. 学生的实习内容、实习平台上传情况 2. 学生的实习地点、实习岗位情况 3. 实习学生实习手册填写情况	校内指导教师指导组长把检查情况以书面文字＋图片形式上交一份到系存档	1. 实习手册 2. 检查情况（文字＋图片形式）	各组长

续表

编号	时间段	主题	具体内容	要求	上交材料清单	负责人
5	每年7月或1月	实习结束材料上交（含实习平台资料上传及提问）	实习结束后，按照学院相关规定，准时上交相关材料并符合要求	1. 实习单位概况、实习计划、实习教案、听课及评课记录、专业实习鉴定表、实习总结上传Word文档。 2. 教学课件，上传pdf格式 5. 实习工作照片集合成一个文档。	1. 实习单位概况 2. 实习计划5篇 3. 实习教案 4. 教学课件 5. 实习工作照片集 6. 专业实习鉴定表 7. 听课及评课记录 8. 实习总结	各组长

案例

《教育专业实习疑难二十二问》问答稿

第一问：学生不听从老师指挥怎么办？

应对方法：

1. 第一印象：不应该太活泼，而是该严肃就要严肃起来。

2. 不要告诉他们自己是实习生，特别是家长。

3. 不能对学生太疏远，初始对待学生不能太严苛。

4. 如果有权力的话可以给有能力的同学"封官"。

5. 要让他们明白你是老师。

第二问：学生不做作业怎么办？

应对方法：

如果是上午上完课的话，就可以布置作业让他们完成之后再回家，若有几个人不完成，便让他完成再回家。在这期间要与家长做必要的沟通，尽量不苛求家长。

第三问：学生课堂管不住自己怎么办？

应对方法：

1. 让捣乱的学生单独坐或者安排他坐近讲台方便管理。

2. 可以让当干部的同学监督。

3. 训练常规规则，比如口令"我发言""我倾听"等。

4. 关于坐姿，向学生说明课桌上该放什么课本，作业又该怎么放等。

第四问：上课内容学生听不懂，家长质疑自己怎么办？

应对方法：

1. 上课内容思维简单从而让学生明白。

2. 反思自己的上课方式。

3. 有些学生反应慢些，不要生气。

4. 可找小老师（懂的同学）帮忙辅导不懂的学生。

第五问：学生不想听课怎么办？

应对方法：

1. 放下身段，该活跃就活跃，灵活变通，引起他们的兴趣。

2. 声音要大，但不要吼。

3. 不能真的生气。

第六问：班级中学生出现意外事故，该怎么办？

应对方法：

1. 要保持冷静。

2. 制定相关安全规章制度，培训学生安全意识。

3. 不要自己全揽责任，学会规避。

4. 要有所预防，不可让学生做危险运动。

第七问：若被孩子告知家长自己受伤怎么办？

应对方法：

1. 可让学校采取方法处理。

2. 制定相关制度，如关于课间安全等。

第八问：角色转换不适应怎么办？

应对方法：

学会换位思考，适当调整。

第九问：没有老师指导情况怎么办？

应对方法：

1. 学会多问别的老师。

2. 自学（多看教育类书籍）。

3. 同学之间相互交流，得到启示。

第十问：感觉太忙会晕怎么办？

应对方法：

1. 让学生帮忙，让学生管理学生，使家长、学校能理解。

2. 把所做之事列表，如可分为紧急重要、不紧急重要、紧急不重要、不紧急不重要。

3. 几件事情合在一起做。

4. 每天比别人早到、晚退几分钟，抓紧空闲时间做事。

5. 少玩手机。

第十一问：感觉不会上课怎么办？

应对方法：

1. 看课堂实录，找全国优秀教学视频观看。

2. 听最优秀教师讲课，十节以上。

3. 学会原谅自己。

第十二问：因为实习得不到成就感想转行怎么办？

应对方法：

1. 教师工资不低，不要被别人误导。

2. 转行的话，实习期间不应该考虑。

第十三问：第一节课老师该怎么做？

应对方法：

想办法展示自己，不宜太过于温柔。

第十四问：刚开始实习不久就有大型考试，班级排名在后边，该怎么办？

应对方法：

学会安慰自己，不能全然否定自己。

第十五问：刚入学的时候，该如何了解学生？

应对方法：

1. 看训练习惯，比如说口令之类的。特别是坐，要求学生有礼貌，排队有秩序。

2. 了解过程不一定要看外貌。

第十六问：进去之后是否直接当班主任？

应对方法：

1. 不一定，建议自己不是班主任的话也要把自己当班主任来看，给学生树立威望。

2. 如果安排的话就坦然接受，不安排也没有关系。

第十七问：该怎么去制订实习计划？

应对方法：可分为以下四个方面：

1. 班级管理方面，了解本班情况。

2. 教学设计（备课，辅导）。

3. 教育研究。

4. 如何处理好与家长的关系。

第十八问：感觉学校领导、老师针对、使唤自己，怎么办？

应对方法：

1. 要有自己的原则，学会自我调整。

2. 认真做好自己的事情。

第十九问：假如领导让自己教别的科目怎么办？

应对方法：

1. 若不擅长便说明白自身情况，要早提，果断。

2. 若自己擅长也可以去做。

第二十问：家长不配合工作怎么办？

应对方法：

1. 自己的事情就要做好，老师该做的就要做，家长工作该做好的也要做好。比如说可以在家长会上引导家长。

2. 不要让家长做老师该做的事情，学会不依赖家长。

3. 在家长面前多表扬学生，不要老是不说优点。

第二十一问：如果家长认定你是实习生或问你是否为实习生，问你的学校，该怎么办？

应对方法：

可以巧妙回避，直接说自己是老师，会负起应尽的责任。

第二十二问：节日多，家长送礼怎么办？

应对方法：

钱、购物卡或贵重礼物绝不可以收。小礼物如卡片、鲜花类酌情处理。有些家长买奖品让班级奖励表现好的孩子，注意关注此类学生。

七、高校师生协同创新工作坊之社会服务工作坊

（一）社会服务工作坊界定

社会服务工作坊对外承担力所能及的创新研究及技术支持。高校师生协同创新工作坊主要是训练学生创新意识与创新能力，对外社会服务不是核心工作。在工作坊已经具备一定实力的基础上，通过导师牵头，适当承担社会服务工作，有利于坊员从理性研究转向实战，反哺创新研究。对高校师生协同创新工作坊而言，社会服务工作坊的反哺功能有三点：

第一，在服务中提升创新能力。一是强化实践转化意识，让坊员明确创新研究在实践领域大有用武之地。二是形成满足社会需求的判断能力，通过社会服务增强坊员对社会重大发展趋势及其需求判断的敏感性。三是提升创新效率意识。社会服务项目都是周期性项目，有的周期还比较短，需要坊员在既定时间节点完成任务。

第二，通过服务整合创新资源。一是人力资源，通过社会服务聚集广泛的人力系统。二是平台资源，通过社会服务与社会各类研究平台达成合作协议。三是实践基地，为高校师生协同创新工作坊

99

提供实践和转化的目的地。四是潜在就业单位，优秀的坊员通过社会服务可能进入合作单位就业。

第三，依托服务形成工作坊生存能力。工作坊的科学发展需要持续投入，可通过社会服务为工作坊提供多方面支持。一是经济支撑，社会服务的经费可以支持工作坊良性发展。二是项目支持，社会服务为工作坊提供可选择的创新研究项目。三是其他领域合作，社会服务为工作坊提供获得人、财、物等多维资源的可能。

（二）社会服务工作坊职责

社会服务工作坊的职责主要有三点：

第一，承接横向委托项目。这种服务形式又包含三种情况，一是导师牵头整体承接项目，即从方案设计、过程运作到成果呈现全部承担。二是部分承接，即承担某一部分内容或提供资源性支持。三是长期定向合作，比如定向提供研究咨询、定向开展项目诊断、定期提供成果整理服务等。

第二，参与导师研究项目。这是社会服务工作坊的常规工作，也是重点工作。之所以将此类型工作划入社会服务工作坊，一是区分导师个人项目和工作坊公共项目，二是在项目管理上将此类合作经费纳入工作坊运行之中，以支持工作坊良性发展。参与导师研究项目又分为全程参与和参与子课题两种方式。

第三，提供各类研究技术支持。社会服务工作坊主要提供以下几类技术性支持，一是数据处理，包括数据录入与统计、调查结果分析等。二是文稿编校，包括论文修改与编辑、文稿校对等。三是翻译投稿，包括论文的中外文互译、翻译国外学术资料、外文投稿等。四是图文设计，包括数据可视化处理、讲座 PPT 美化、研究图文设计，等等。

（三）社会服务工作坊清单

表6-3　社会服务工作坊工作清单（技术支持类）

编号	时间段	内容	责任人	材料下发/上交类型	材料接收人员
1	随机	校对文稿	社会服务工作坊坊主	电子稿	指导教师
2	随机	数据采集整理	社会服务工作坊坊主	电子稿	指导教师
3	随机	数据可视化（转图形）	社会服务工作坊坊主	电子稿、图表	指导教师
4	随机	PPT 设计美化	社会服务工作坊坊主	电子稿	指导教师
5	随机	编制培训方案	社会服务工作坊坊主	电子稿	指导教师
6	随机	整理教育课题	社会服务工作坊坊主	电子稿	指导教师
7	随机	修改教育论文	社会服务工作坊坊主	电子稿	指导教师
8	随机	中英互译	社会服务工作坊坊主	电子稿	指导教师

案例

工作坊参与的社会服务项目获全国教育创新大奖

师生协同创新工作坊的指导教师李健与学生协助广东省东莞市

教育发展研究与评估中心参加 2019 年中国教育创新成果公益博览会的成果征集活动，成果为《东莞市义务教育阶段民办学校委托管理试点工作》，本次征集活动共有 2100 余项教育创新成果参加，34 项入围，《东莞市义务教育阶段民办学校委托管理试点工作》经过层层筛选，在激烈竞争中脱颖而出，荣获最高奖 SERVE 提名奖。

《东莞市义务教育阶段民办学校委托管理试点工作》项目从 2016 年开始启动，意在通过优质公办学校对民办学校实施委托管理，促进受托民办学校办学水平整体以较快速度提升，3—5 年内成为区域内有一定影响力的学校。通过开展托管试点工作，探索东莞公民办学校优质资源的共享机制，促进民办学校优质均衡发展。委托管理试点工作时间为 5 年，从 2016 年到 2020 年。计划开展两轮，第一轮为 3 年，从 2016 年至 2018 年；第二轮为 2 年，即从 2019 年到 2020 年。①

八、高校师生协同创新工作坊之生涯规划工作坊

（一）生涯规划工作坊界定

生涯规划工作坊是协助指导高校师生协同创新工作坊坊员全面发展、健康成长的分支机构。工作坊的核心任务是培养坊员的创新研究意识和能力，生涯规划是引领坊员幸福成长的支架。学生进入高校以来，需要独立规划学习、生活，他们远离家乡和亲朋，对新

---

① 教育莞家. 东莞"公托民"试点获教博会 SERVE 提名奖，民办教育质量明显提升 [EB/OL]. https：//www. sohu. com/a/355002308_ 177239，2019 – 11 – 20.

的环境可能不适应。生涯规划工作坊为他们提供健康成长、和谐发展的外围支持。同时，生涯工作坊还肩负培养团队精神、促进团队和谐发展的重任。

（二）生涯规划工作坊职责

生涯规划工作坊承担的职能大致分为如下几点：

第一，引导坊员阅读。一是组织好书推荐活动，推荐书籍既包括文学、历史、哲学等人文类书籍，也包括专业类指导书籍。二是组织读书交流，通过案例分享、书香沙龙、分小组讨论交流等形式共享阅读心得。

第二，组织团队活动。一是组织团队成员聚餐，凝聚人心。二是组织团队观影，分享娱乐心得。三是组织热点沙龙，碰撞思维。四是组织团队出游，放松身心。

第三，设计团队标识。一是设计工作坊标志，体现工作坊核心价值取向。二是统一工作坊服装，强化团队意识。三是制作坊徽，统一形象。四是设计工作坊旗帜，形成团队向心力。五是谱写工作坊坊歌，传承工作坊精神。

第四，强调健康管理。一是鼓励坊员适当运动，增强身体素质。二是建立坊员关怀制度，以团队力量温暖人心。

第五，强化安全管理。一是要求坊员购买保险，增强风险抵御能力。二是形成坊员自律公约，实施底线管理。

第六，规范资源管理。一是管好硬件资源，包括工作坊研究场地及设施、活动场所、存储设备等。二是管好软件资源，包括各类文件、档案、云盘、收费软件、量表等。

（三）生涯规划工作坊工作清单

表6-4 生涯规划工作坊工作清单

编号	时间段	内容	责任人	材料下发/上交类型	材料接收人员
1	每个学期开学的第一周	收集工作坊全体成员保险单	生涯规划工作坊坊主	保险单照片	生涯规划工作坊坊主
2	每个学期开学的第一个月份	组织安排工作坊指导老师与全体成员进行聚餐	生涯规划工作坊坊主	电子稿、聚会集体照	生涯规划工作坊坊主
3	每个学期开学的第一周	收集工作坊指导老师及全体成员的身高尺寸以购买坊服	生涯规划工作坊坊主	电子稿、服装样板照	生涯规划工作坊坊主
4	每个学期开学后的第二周	要求全体工作坊成员分层次分别阅读一本指导老师推荐的相对应书籍	生涯规划工作坊坊主	无	生涯规划工作坊坊主
5	每个学期结束前一个月	组织工作坊全体成员进行一次读书交流会	生涯规划工作坊坊主	电子稿	生涯规划工作坊坊主
6	除寒暑假外，整个学年	工作坊共享厨房开放，厨房使用登记表下发及收集	生涯规划工作坊坊主	厨房使用登记表、聚餐人员集体照	生涯规划工作坊坊主

案例

共享厨房使用说明及登记表

1. 使用说明

（1）对内只接待工作坊成员及李健老师任教班级学生，对外只接待与该坊有工作联系的相关成员。

（2）可用作坊内工作聚餐、日常聚餐、坊内人员生日聚餐等。

（3）工作聚餐费用由老师负责，与餐人员共同进行餐后清洁。

（4）日常聚餐及生日聚餐费用自理、清洁自理，如果不按要求清理，将取消以后的使用资格。

（5）建议每次聚餐人数介于4~15人（疫情期间只能本宿舍人员参与）。

（6）建议煮饭量根据人数做好估算。

（7）建议4~15个人食用13个菜左右，倡导节俭，避免浪费。

（8）调料用完放箱子里装好，再放到大房间阴凉处存放。

（9）碗筷厨具用完用东西盖住。

（10）避免大声喧哗。

（11）注意疫情防控并严格遵守防控规定。

（12）使用厨房需要上交申请表格，聚餐时合照两张，文件与照片需要命名，如"200530 宿舍聚餐"。

（13）使用说明或要求根据情况修改，最终解释权归工作坊指导老师或共享厨房提供者所有。

2. 共享厨房登记表

表6-5　生涯规划工作坊共享厨房使用登记与分工表

师生协同创新共享厨房					
时间		人数		主要负责人	
菜单					
具体分工	人员安排				
餐前准备	采购人员				
	主厨				
餐后清洁	丢垃圾、拖地				
	清洁灶台				
	洗碗、擦桌子				
	摆放桌椅				

第七章

高校师生协同创新工作坊的 OPSP 运作模式

本章所述的运作模式，是指高校师生协同创新工作坊具体从事某个项目最关键因素的集合。完成一项创新工作涉及的因素有很多，我们需提取最重要、最明显、具有支架作用的几个要素，组成实际运作的模式。笔者根据实践，选取产出、问题、专家、流程四个要素组成运作模式。为方便记忆，取四个词英文首字母组成 OPSP（output，problem，specialist，process），即高校师生协同创新工作坊的 OPSP 运作模式。

一、产出

高校师生协同创新工作坊以产出为导向。这里的产出，大致分为显性和隐性两大类。隐性的产出包括创新意识、创新动力、创新意志、创新环境支持等方面，其测量和描述很难用实证的方式加以呈现。本著作作为一种新型人才培养模式的探究和总结，暂着重关注显性产出。结合高校师生协同创新工作坊坊员的研究起点和基础，其产出主要包括以下四个方面。

（一）完成研究项目

项目是高校师生协同创新工作坊运作的主线。因为项目具有时效性，能检验高校师生协同创新工作坊的创新成效。同时，研究项目具有系统性，能从研究资源、研究方法、研究实施、研究成果、研究推广等多个方面来呈现创新成果。高校师生协同创新工作坊运作的项目主要包括以下四类。

1. 导师项目

导师项目是高校师生协同创新工作坊的主要创新项目来源。在研究生阶段，导师项目一直是师生合作研究的主流来源。就高校师生协同创新工作坊来说，有的导师项目对学生则有一定难度。这是因为高校师生协同创新工作坊不仅面向研究生，也面向本科生。本科生尚未受到规范的学术训练，其研究基础薄弱，因此需要在工作坊中加以培养。但是，也有导师担心坊员的研究能力一旦形成，其就面临毕业、升学等选择。事实上等于为职后或者高一级培养机构打好了研究基础，而导师自身并不一定获益。持此种观点的教师，没有将人的发展置于整个教育系统之中，也缺乏"功成不必在我"的格局。但另一方面，高校在制度设计方面，对于创新人才培养领域有贡献的老师，也需要给予对等的责权利，同时制定科学的激励机制。

2. 竞赛项目

从国家层面，到教育管理部门层面，再到高校层面，都十分重视大学生的创新发展。除了通过大学生创新创业项目支持外，各种创新创业项目也是推动高校开展创新创业教育的重要形式。对高校师生协同创新工作坊而言，参与各类竞赛项目也是淬炼创新意识和创新能力的重要渠道。这里所指的竞赛项目，有些不具备连续性，有些则可以周期性延续。因此，高校师生协同创新工作坊在准备竞赛项目时，并不能临时抱佛脚，还需要长远谋划，及早准备。

3. 平台项目

平台是高校重要的研发、推广、应用机构。如果专业吻合，高校师生协同创新工作坊也可以适度参与平台项目。在平台项目中，很大部分可能来自横向委托或企业专项，这些项目往往理论和实践交融，不仅需要基础创新，还需要应用创新。无论是何种创新类型，平台项目都具有空间距离较短、研究资源充足、经费实力雄厚等特点，可以作为高校师生协同创新工作坊的创新选择。

4. 自选项目

自选项目是高校师生协同创新工作坊根据学科专业发展趋势、自身研究旨趣、学业遭遇难题等方面，自主讨论设计的研究项目。此类项目切口小、起点低、易控制，可以作为新手坊员的首选。对于本科阶段的高校师生协同创新工作坊来说，坊员的研究基础往往是空白的，利用自选项目来历练，对提升其研究能力大有裨益。

（二）发表研究论文

发表论文是常见的高校师生协同创新工作坊产出方式。论文，尤其高质量论文是衡量师生协同创新水平的标志。无论是研究生阶段，还是本科生阶段，乃至专科生阶段，高校师生协同创新工作坊的产出都不能缺少论文的发表。

1. 专题研究论文

与上述研究项目对应，高校师生协同创新工作坊可以产出若干论文成果。无论是导师项目，还是平台项目，或者是自选项目，都能以专题论文的形式作为成果。这些论文的发表，既是对研究项目的支撑，也是对工作坊创新能力的检验。

2．师生合作论文

师生合作撰写、发表论文是高校人才培养，尤其是研究生培养的常见方式。作为工作坊培养模式，且是协同培养，师生之间、生生之间合作发表论文将是常态。但导师作为工作坊的强势一方，要注意主动保护学生的著作权和专利权。只有导师具备一定程度的科学研究伦理，才不会剥夺、压制学生坊员的研究权利。基于公平原则，应当按实际贡献处理署名权和署名顺序的问题。

3．课程论文

课程论文是为完成某课程学习任务而撰写的文章。在选题恰当、指导老师科学指导的基础上，坊员撰写的课程论文也有公开发表的可能。工作坊也可以将坊员的课程论文集中起来，从中挑选具有发表潜力的文章，统一组织修改，直至公开发表。

（三）撰写研究著作

1．专题著作

对于延续性较强的项目，工作坊可以著作作为产出方式。让坊员参与专题著作撰写，能系统训练其研究规范，尤其是对文献的搜集、整理、归类、综述等，对于开阔坊员学术视野、形成学术研究格局具有不可替代的作用。

2．导师著作

对于导师自身研究兴趣和研究课题涉及的著作，坊员也可涉猎。从一定意义上说，导师之著作，也是工作坊的产出成果。有观点认为学生研究起点和基础差，不适宜参与导师著作。我们通过实践发现，学生并非不能介入导师所谓的高阶性著作工作。在文献整理、案例搜集、书稿合成、著作校对等方面，学生的用心程度往往不亚于教师本人。需要注意的是，尤其是对文献的出处、文献的权威性、案例的适切性、案例的规范性等，导师应当发挥把关作用，以确保著作成果的科学性和严谨性。

（四）形成研习模式

1. 阅读人文书籍

不读书不研究，这是从事科学研究的共识。在媒介传播方式泛在化、传播内容娱乐化、传播载体碎片化的大背景下，学生人文素养亟待加强。作为从事创新研究的基本功，思维品质、价值取向、表达能力都十分重要。坊员阅读文学、历史、哲学等人文类书籍，将为其从事创新研究打下坚实基础。

2. 研读经典理论著作

进入高校师生协同创新工作坊之前，大多数坊员的理论视野是狭窄的。对于本学科、本专业的理论著作，特别是经典之作，导师应该精选出来供坊员研读。他们的读书报告、读书笔记、读书心得等，不仅是工作坊的过程性资料，也是工作坊产出的成果，可为后来进入工作坊的成员提供理论参照。

3. 学习研究方法体系

研究方法的掌握，直接决定了工作坊创新产出的方式和效果。本著作所称工作坊，往往并不是顶尖研究水平人员组成的共同体，而是基于优选学生，甚至是基于研究基础为空白的学生的协同创新组织。可能坊员在课程学习中已经涉猎有关研究方法，但其没有在具体研究课题中运用和检验。因此，高校师生协同创新工作坊必须对坊员进行较为系统的研究方法体系训练，让学生掌握常见和所需的研究范式、研究方法，并能对具体研究工具熟悉运用。

4. 总结见习、实习行动方案

在本科阶段，以及专业学位研究生毕业前阶段，一般都有见习、实习等与实践紧密结合的学习过程。工作坊也可以研究这个过程，对见习、实习的理论支撑，疑难破解，经验规律化等课题进行系统研究，形成实践性反思成果，也可以反过来对下一轮见习、实习进行指导。

（五）开展社会服务

1. 横向委托项目

横向委托项目具有周期短、目标明确之特点，往往聚焦实际过程中的紧要问题。让坊员参与其中，能锻炼学生理论与实践结合的能力，使其理解创新研究既要顶天又要立地的价值取向。

2. 社会调查研究

对于感兴趣的社会热点问题，或是与本专业学习相关的问题，工作坊可以开展社会调查研究，以加强和社会发展的联系。通过调查，能训练学生调查样本选取、调查问卷编制、调查数据处理、调查结果分析等方面的能力。

3. 资政研究报告

高校在服务当地公共事业发展方面具有较强的人才优势，同时具有从事该研究时空上的便利性。对于委托导师所做的资政研究，坊员参与其中能窥探理论框架和实际问题之间的连接点，明确研究成果转化的条件和方法。

（六）形成培训资源包

1. 开发讲座

之所以称为协同创新工作坊，原因在于其成员成长的互动性。坊员成长的方式不仅依赖于参与项目、撰写论著，更依赖于适切、高效的培训。工作坊内部可以开发若干讲座，尤其是小型、微型讲座可以根据坊员基础量身定做。还可以让坊员自己开发讲座，在组织内部互相培训，或是高年级坊员培训低年级坊员。

2. 整理过程性工作资料

工作坊运作过程中，其管理的通知、会议记录、统计表格、图片资料等，对于下一轮坊员的培养培训有极其重要的参考作用。这些资料也是工作坊产出成果之一，应予以规范存档。

3. 归档工作坊研究文稿

有关工作坊的小研究，并不一定以论文发表的形式展示，而是作内部交流学习之用。这类材料，也可加以整理，并从中发现工作坊发展的规律。

4. 整理培训与研究流程图表

高校师生协同创新工作坊要实现高质量发展，在成熟阶段应该步入流程化管理。工作坊的培训和研究工作，都可以开发出较为标准的流程图和程序表。这些图表一目了然，导向性明确，可以减少培训和研究的干扰，从而提高创新成效。

案例

表 7-1　师生协同创新工作坊学术成长讲座统计表

编号	讲座题目	主讲人
1	论文"文献与注释"	秦柱秀

编号	讲座题目	主讲人
2	论文"全文格式"	姚冰雁
3	论文"选题与命题"	原旭辉
4	论文"结构与分论点"	黎裕明
5	论文"摘要与关键词"	陈琳琳
6	论文"查重审核"	陈小琦
7	论文"语言与标点"	冯美琪
8	论文常见格式	冯美琪
9	作业格式规范	李瑞婷、冯美琪
10	大创报账兵法	陈玉兰、黎裕明
11	开题报告常见问题	黎裕明
12	实习前说课试讲常见问题及应对	卢铠笑
13	实习中疑难问题解决	陈小琦
14	调查类的论文呈现	何姗姗
15	考研面试	孟冉、黎晓乔
16	考研笔试	秦柱秀
17	考研学校、专业选择	车李萍、何姗姗
18	考研准备策略	李瑞婷、冯美琪
19	考研外语复习	张文静
20	SPSS积差相关分析	黎裕明
21	论文开题报告撰写格式及技巧	何姗姗
22	问卷访谈的问题设计	黎富权
23	实习前试讲培训之无生试讲	卢铠笑
24	实习前试讲培训之说课技巧	张文静

编号	讲座题目	主讲人
25	本科师范生研学的主题聚焦与实践反思	车李萍、谭桂巧、李莲昌、张文静
26	问卷调查设计与实施	黎晓乔
27	访谈设计与实施	黎富权
28	本科生研究的基础问题	何姗姗、冯美琪、卢铠笑、陈玉兰、王慧
29	SPSS 在教育研究与统计中的应用	黎裕明

二、问题

(一) 本学科发展之问题

1. 重点问题

学科发展之重点问题,往往难以把握。对于学生坊员来说,其研究基础和洞察力决定了他们难以从全局和整体去统览观察。因此,本学科发展的重点问题,往往由工作坊导师的研究眼界限定。当然也可以通过文献梳理、权威期刊选题、政府或国际组织发布的有关文件中获取。另一方面,工作坊重在训练学术基础和规范,对于学科前沿问题可以涉猎,并不一定要介入研究,很多时候也缺乏追踪或引领的实力。

2. 焦点问题

焦点问题往往是国家或社会重大需求的反映,具有阶段性特征。当然不同区域的研究焦点可能不同,不同类型研究机构的研究焦点也不相同。有些焦点问题并不一定是难点,因此工作坊可以适度参与。有些焦点问题可从不用角度介入，也为工作坊研究问题提供了入口。

3. 难点问题

学科发展的难点问题需要学术积累方能洞悉，也需要偶然的机会才能获得解决。对于以学生为主体的工作坊来说，并不把解决学科难点问题放在极其重要的位置。但是，让学生对这类问题有所了解，对于其扩大研究视野、提升学术洞察力是很有帮助的。

4. 弱点问题

学科发展的短板和弱项，往往是学术职业从事者期望发现和解决的。从学科发展弱点问题入手，一旦解决，将弥补学科发展的不足，或推动学科大踏步发展。事实上，做到这一点是极其困难的。与学科发展难点问题类似，解决此类问题也非工作坊坊员能力之所及。但工作坊可以尝试，可以涉猎，即使不能解决，也能增加学术积累。

5. 趋势问题

学科发展的趋势问题代表了理论研究者的未来。若能敏锐发现学科发展趋势，就能把握先机，从学术追踪者变为学术引领者。虽然本著作所定义的工作坊不是学科顶尖研究机构，甚至不是实力雄厚的研究平台。但是作为开展学术训练的培养基地，工作坊必须能较为准确地判断本学科发展趋势，并从中遴选出适合的问题加以研究。

（二）合作导师项目之问题

工作坊导师的项目是学生坊员开展研究训练的重要来源。基于坊员的研究基础和研究能力，可以考虑从以下几个方面来梳理问题，并加以解决。

1. 文献问题

关于文献的搜集、文献的分类、文献的梳理、文献的综述等，工作坊成员都可以介入。通过提出文献问题，并进行必要的技术指导，工作坊成员可以掌握追踪文献、阅读文献、整合文献、述评文献、批判文献的能力，也能从浩瀚的文献中发现研究的不足，开辟新的研究领域。

2. 案例问题

对于师生合作项目，工作坊成员能够全力介入案例部分。尤其是应用研究领域，导师的项目往往需要翔实的数据、经典的案例来加以支撑。这类问题，可以通过案例主题提炼、案例呈现方法、案例分析技术、案例评价策略等板块加以分解，为合作导师的研究项目提供解释性、佐证性、拓展性解决方案。

3. 统计问题

合作导师的研究，尤其是实证性研究、量化类研究，都需要用到统计与分析。融合研究已经运用得十分广泛，即使是思辨研究、质性研究，往往也离不开统计的局部支持。因此，工作坊成员对统计问题可以系统介入。从工作坊学术训练角度来看，统计问题也是基础，有必要在运作过程中给予关注。

4. 编校问题

师生合作完成的论文、著作、专利等，都需要严谨的编辑校对。此类问题涉及格式、文献、语言、标点、符号、表格、图示等，也是相当专业的。在人手充足的情况下，工作坊可以安排坊员专门解决此类问题，在完成导师合作项目的情况下，也能提升坊员规范运用语言、图标、符号、文献等能力。

5. 全项目研究

全面介入导师研究项目，从一开始就作为研究之主角，这也是工作坊运作过程中解决问题的一种方式。但在以后阶段，可能只有少数坊员才有实力从事导师的全项目研究，而且也需要导师的全程跟踪指导，才不至于降低研究水准。

（三）社会需求之问题

1. 委托问题

委托问题是指社会组织、机构、单位或个人等向创新工作坊专门委托研究项目中的问题。委托问题一般与工作坊研究领域或方向一致，有时也会存在超范围或学科交叉的委托问题，需要工作坊衡量是否具有解决问题的基础。委托问题一般具有时效性，且与社会发展需求紧密相连，需要解决各行各业面临的重大需求或应对发展挑战。

2. 焦点问题

焦点问题是指社会发展过程中某段时期需要集中处理的问题，对社会公众有较大影响力。比如实现全面小康背景下教育、科技、文化、社会治理等领域的问题；重大疫情背景下各行各业的创新发展问题；"一带一路"背景下相关区域或领域对外发展之问题；等等。焦点问题关注者众多，需要具有预判意识，在研究时间节点上超前规划，才能取得研究的优先话语权。

3. 难点问题

难点问题是指社会发展过程中面临的挑战、阻碍、失衡等问题。这类问题的解决往往具有重大经济效益或社会意义。同时，此类问题往往是"冰冻三尺非一日之寒"，具有相当的难度，不是在书斋里研究就能解决的，需要在实践中寻找智慧。对于理工类学科而言，解决这些问题具有良好的成果转化价值。对于人文社会类学科而言，解决这些问题具有重大的积极社会影响。在力所能及的情况下，高校师生协同创新工作坊可以尝试解决某些社会难点问题。

4. 弱点问题

弱点问题是指社会发展面临的短板与薄弱环节。不同区域、不同行业面临的弱点问题可能不尽相同。有些问题对发达地区不是问题，对欠发达地区则是弱点问题。有些问题在企业管理领域不是问题，在社会治理领域则是弱点问题。比如教育的大班额问题对发达地区不是什么弱点，但对欠发达地区某些城镇化高速推进的城市则是弱点问题。

5. 趋势问题

趋势问题是指社会发展共同面临的问题，具有不可逆转性，同时也具有一定阶段特征。趋势问题上，往往由某些地方先行先试，在实践基础上进行典型示范。作为协同创新工作坊，可以抢占先机，主动介入社会发展的趋势研究，较容易产生有影响力的成果。

（四）学生自设之问题

1. 学业难题

在学习过程中，学生可能遇到有关学习指导缺位、学习动力不足、学习效能低下、学习方法缺失等问题。也可能遇到学习群体无意识、学业规划不到位、学习时间管理混乱等问题。这些问题是学生必须解决的当务之急，学生因此有强烈的解决动机。如果与工作坊的研究领域相匹配，学业难题则可以作为坊员加以解决的系列问题之一。

2. 兴趣使然之问题

兴趣是最好的老师。工作坊的坊员都是有活力的年轻人，而且具有极强的想象力。他们开放，容易接纳新鲜事物，不具有封闭性和排他性。坊员兴趣广泛，从他们的兴趣点生发出问题，使他们更有动力去持之以恒地开展研究。

3. 职业发展之问题

大学生生涯教育在高校普遍开展，但不少在校生都很困惑，不知道从何处着手去设计规划生涯发展。按一般的规律，职业发展是支撑生涯发展的重中之重。大学按专业招生，一定程度上限定了其职业领域和职业类别。对职业发展之问题加以研究，能让学生看到未来工作图谱，坚定其从业信念。

4. 学科专业趋势问题

虽然工作坊坊员研究基础并不十分牢固，研究经验并不十分丰富，但他们对自己本专业或多或少有一定了解。对于本学科专业的发展趋势，他们大都有一定兴趣，也容易对此类问题产生理解和认同感。此外，学科专业趋势问题与他们的就业紧密相连，研究此类问题有助于为其职后发展提供帮助。

三、专家

（一）学生专家

学生专家是高校师生协同创新工作坊的一大创举。坊员既是学生，又有成为坊内专家的可能。出于规模的原因，高校师生协同创新工作坊不可能设置大量导师作为专家。在这种情况下，将学生升格为专家，实现教是为了不教之目的。学生专家有如下几种类型。

1. 研究方法专家

研究方法是工作坊的基础支撑。学生对研究方法的掌握，决定了其研究过程的流畅性和研究结果的可靠程度。从研究范式，到研究方法，再到具体的研究工具，学生坊员都可以逐步掌握、系统梳理，然后以伙伴最容易接受的方式传承下去。从另一个角度来说，工作坊的导师往往倾向于使用某一种或几种研究方法，不可能穷尽所有需要用到的研究方法，必须依靠学生自我学习和开发研究方法。

2. 协同管理专家

高校师生协同创新工作坊的一大特点，便是协同管理。此处之管理，是自我约束，是自我规划，也是自我检验。从工作坊中培养部分协同管理专家，可从如下几个方面开展工作：一是工协同作分工，让学生自己讨论创新任务和角色分工，他们更有认同感。二是协同进度控制，学生专家更容易理解同伴的兴奋点和难点，再结合导师的科学指导，研究进度能够顺利完成。三是协同效率督查，让自己人监督自己人，他们能感同身受，会意识到自己也会受到其他人的效率监督，因此能够避免监督执行刚性过大的问题。

3. 分支机构带头人

在高校师生协同创新工作坊内部设立若干分支机构，如元培学院、预培学院、论著工作坊、创竞工作坊等，有助于工作分板块推进。同时，各分支机构会培育出相关领域的带头人。比如预培学院擅长发现坊员的优势专业能力和研究旨趣，论著工作坊擅长论文的选题、撰写、修改等，创竞工作坊擅长各类创新大赛等。

4. 行政管理专家

在专业分工的同时，学生坊员还进行行政分工，让他们人尽其才，才尽其能。例如，有的坊员思维缜密，有条不紊，适合担任资料整理专家。有的坊员善于计算，不急不躁，适合担任报账专家。有的坊员善于沟通，勤于写作，适合担任投稿专家。

案例

教育协同创新工作坊档案资料保存要求

(2020年6月第二版)

一、会议、讲座、培训材料保存要求

（一）每场相关活动的主持人在会议、讲座、培训等结束后，立即整理材料并上传至网盘。

（二）上传的材料包括：会议、讲座、培训等的现场照片和结束后的合照；会议、讲座、培训期间使用的文档、课件、表格等。

（三）上传要求：

1. 会议、讲座、培训等相关主题记录，需要在网盘下载"各阶段成果"文件，填写后覆盖原文件。

2. 上传的照片、文档、表格均以相关主题命名，并在末尾加上时间标记，例如"2020年6月12日"，记为"20200612"。

二、各工作坊工作材料保存要求

（一）各工作坊在每学期期末前，将本坊一学期内开展的工作、工作中产生的辅助材料等上传至网盘。

（二）上传的材料包括：该学期工作坊的工作清单（如无较大

改动，可以不更新）；该学期工作坊展开的各项工作及相关材料；该学期工作坊展开的具有特色的工作，需要将其材料备份的，例如：创竞工作坊优秀申报书的保存；论著工作坊初稿的保存等。

（三）上传要求：

1. 按不同学期分别建立文件夹，不同时间段的文件分开保存；

2. 同一工作中产生的材料放至同一文件夹，有相应成果产生的需要下载"各阶段成果"文件，进行填写并覆盖原文件；

3. 文件、照片、表格、音频、视频等命名采用相关主题名，并在末尾加上时间标记，例如："2020 年 6 月 12 日"，记为"20200612"。

（二）合作导师

合作导师是高校师生协同创新工作坊最重要的专业力量，是工作坊的首席专家。工作坊关于合作导师的设置，可以考虑如下几方面问题。

1. 导师来源

导师来源可分为三种情况，一是自发担任导师与选聘导师，对于自发担任，可营造创新大环境吸引老师们踊跃参与，对于选聘导师，要设计合理的奖励激励制度。二是校内导师与校外导师，校内导师自然由专业过硬、品德优良的导师组成，校外导师一般也是行业翘楚。三是理论导师与行业教师，虽然工作坊是从事创新研究的，但不仅仅需要理论导师，也需要一定数量的行业教师加盟，这有助于理论的转化。

2. 导师数量

根据工作坊规模适度的特点，高校师生协同创新工作坊导师数量在 1~3 名为宜。也可根据不同工作坊的具体研究领域和方向，实行交叉任职制度，以实现人力资源共享，最大化利用优质师资。

3．导师类型

高校师生协同创新工作坊的导师类型主要有三种：一是专长型为主，必须以本单位学术研究和创新方面具有相当经验和话语权的老师为主体。二是协调型为辅，可以少量统筹各工作坊工作的协调型导师。三是行业型介入，根据创新需要，遴选行业专家担任导师，其数量需求不会太大。

4．导师任务

高校师生协同创新工作坊的导师任务绝不限于研究引领，而要从宏观大局角度来促进工作坊发展。导师的主要任务有以下几类：一是方法指导，包括研究方法、写作方法、资料管理方法等。二是人力管理，包括坊员遴选、坊内分工、工作协同、工作评价等。三是人格引领，包括专业示范、伦理示范、精神引导等。四是心理调适，包括关注学生心理状态、组织必要团建活动、开展心理疏导等。

5．导师任期

根据高校师生协同创新工作坊的不同需要，可以设置三种不同期限：一是短期，任期以项目周期为限，项目结束任期也结束。二是长期，3~5年为一个任期，导师可以连续任职。三是临时，导师只完成阶段性任务，或是临时顶替长期导师。

（三）行业人才

行业人才担任高校师生协同创新工作坊导师要注意以下三个问题：

1．行业人才来源

行业人才源自与工作坊研究领域高度相关的企事业单位和机构

组织，或是直接开发产品、提供公共服务和商业服务的专家。总之，行业人才是实战化、实践化、实时化的。

2. 行业人才任务

行业人才主要为工作坊介绍最新产业动态，架起连接理论和实践的桥梁，同时也能促使工作坊成员反思研究选题的必要性、研究方法的适切性、研究结论的可靠性，等等。

3. 行业人才待遇

行业人才的待遇问题可由学校层面或学院统筹解决，也可通过行业人才所在单位与工作坊的合作机制来解决。

（四）咨询顾问

1. 学科领域知名专家

为了提升工作坊创新的前瞻性，可以邀请本学科领域知名专家担任咨询工作，他们能对工作坊研究方向进行判断和修正。不能到工作坊所在地指导的，可以采用在线指导方式，也可以通过邮件、信函、视频等方式远程指导。

2. 国内高校排名优势专业学者

国内高校排名优势专业学者能准确把握学科专业发展重点和趋势，请他们担任咨询顾问能给学生以专业引领。若他们能到工作坊面对面指导，更能让坊员感受大家风采，激发其创新动机。

3. 地方行业领军人物

地方行业领军人物亲临指导，或者安排学生去他们所在单位、组织、机构现场学习，能给坊员震撼性的感受，让他们明白创新转化的市场力量，或者认识到创新成果的社会价值。

4．校内创新创业管理部门干部

高校已经普遍设立创新创业学院，这些部门的管理者都具有相当的专业背景或管理经验。请他们担任咨询顾问，有助于工作坊理解最新的创新支持政策，了解最新的创新发展动态，以获取最新的创新发展信息。

四、流程

流程是国内高校排名优势专业学者标准化、系统化管理的重要措施。作为创新来讲，过多的束缚和条条框框不利于其深度推进。但是作为必要的支持方案，流程管理仍然是高校师生协同创新工作坊重要的运作策略。高校师生协同创新工作坊流程管理主要包括培训、方案、支持、验收四个程序。

（一）培训

1．基础培训

高校师生协同创新工作坊的基础培训包括：一是人文素养培训，比如专题经典阅读方法培训。二是研究方法培训，研究方法培训是基础培训的重点内容，比如研究选题与命题、研究工具与统计、研究成果分析与统计等。

2．专项培

专项培训是根据阶段性和专题性需要开展的培训。主要包括工作坊管理类培训和专业类培训。管理类培训包括工作程序培训、工作方法培训、档案管理培训等。专业类培训包括见习实习疑难解决培训、文献分类著录培训、论文投稿发表培训等。有时候，管理培训和专业培训是交融在一起的。

3. 特需培训

特需培训是为了专门任务或特定坊员而组织的培训。就专门任务而言，比如为了完成一项委托研究，对团队进行委托项目背景、要求、分工、时效等内容的培训。就特定坊员而言，比如对于后加入的坊员进行工作坊管理细则、个人发展规划等方面的培训。

案例

高校师生协同工作坊培训的六种形式

讲座：导师或坊员围绕某一主题，对特定人员进行培训。讲座具有系统性和严谨性，要求科学、规范地准备讲稿。同时，考虑到坊员的基础，提倡在讲座中采用互动、答疑、案例、示范等方式。

沙龙：在舒适的空间，以开放的形式就某一话题展开讨论。一般不限定发言人员，为了活跃气氛，可以提示某几位参与者提前准备。同时，为参与者提供饮料、小吃等，以提升沙龙的活跃度。

研讨：围绕急需解决的问题或项目运作难题，相关特定人员发表意见、提供解决方案。为提高研讨效率，应提前要求参与者准备相应材料。

头脑风暴：就某一专题进行即兴思考与发言。参与者要明确相关任务，以便及早准备。同时，头脑风暴过程中要能就他人的意见表明立场。头脑风暴的主题一般具有及时性，是当前社会或研究领域的重点、焦点问题。

漫谈：一般由导师主导，谈论范围比较广泛，具有形散神不散之效果。漫谈主题可涉及导师人生经历、求学历史、研究心得、发展规划等主题，以较为生动的形式讲述。

无主题讨论：可作为工作坊思维训练的一种形式，事先不准备主题。讨论时提供方向，让组织者或坊员自发研究讨论方向。无主题讨论主要用于训练坊员的聚焦能力，同时发现其领导能力。

（二）方案

方案是高校师生协同创新工作坊运作项目的规划表和路线图，指引了项目的方向，限定了项目的目标和走向。高校师生协同创新工作坊的项目运作方案包括以下三个要素。

1. 任务

任务明确才能有的放矢。制定运作方案的首要步骤是厘清项目目标。任务的描述要遵循语言简洁、指向清楚、分工明确、表述无歧义等原则。语言简洁是指言简意赅、不说废话、不累赘啰唆。指向清楚是指总目标要清楚，子目标要确定。分工明确是项目团队的人力、财力、资源等要恰当分配。表述无歧义是指语言明确，不模棱两可，不让人产生偏差性理解。

2. 时间节点

一个成功的运作方案必须要对该项目推进阶段、实施程序等设计清晰。要实现这一点，根本办法是设计各工作任务的时间节点。时间节点的设计尽可能准确，不用时间段来表述，精确到某一天最好。当然，时间节点的设计也要考虑到突发情况、不可抗力情况导致的调整和改变。

3. 成果形式

项目运作方案必须明确最终的成果形式。对于创新研究而言，论文、著作、专利等是常见的成果形式。成果形式还包括项目运作对实践领域带来的改变，比如人力资源培养、工作模式形成、市场价值体现等。此外项目运作过程形成的过程性材料和资源包，也属于成果形式之一。

（三）支持

支持是工作坊运作的基本流程要素。缺少了支持系统，工作坊项目运作将陷于自由主义境地，出现结果不可控的局面。

1. 行政分工支持

行政分工支持主要是工作坊内部不同常规分工对创新项目的支持。比如项目推进时间协调、项目参与人员协作、项目资料储备、项目财务资料归档、项目绩效评估报告撰写，等等。

2. 专业支持

专业支持主要指为了完成创新项目提供的技术性支持。比如要完成一个创新项目，工作坊要为其提供咨询顾问、导师指导、方案研讨、过程调适、成果汇集等帮助。

3. 设备设施与资料支持

创新项目的顺利推进，也依赖于先进、充足的设备设施和资料支持。包括图书资料、文献资源、检索设备、录音录像设备、存储设备、工作场地、展览推广场所等。

案例

表 7 - 2　论文投稿前协同审核表

题目：《小学家校沟通平台风险管理研究》 作者：凌钊兰		
项目	审核意见	审核人
选题与命题	1. 具有实践意义，解决了家校沟通平台管理混乱的问题。 2. 具有创新意义，常规认知是家校沟通益处多多，文章看到家校沟通平台的风险。 3. 文章不简单重复。 4. 题目可以在"平台"加入关键词"信息化"，更概括文意，因为文章内容研究是基于"信息化"下的 QQ、微信等家校沟通平台。 5. 无语病且简洁。	原旭辉

题目：《小学家校沟通平台风险管理研究》　　作者：凌钊兰		
项目	审核意见	审核人
摘要与关键词	1. 各关键词间用分号，不用空格。 2. 本文的策略除了教师的作为也提到家长，但在摘要中只提到教师，不妥当。 3. 摘要不是全文的归纳总结，可简单介绍冲突和风险有哪几种类型。	陈琳琳
结构与分论点	1. 在"信息的零散性"叙述中，存在模糊叙述，没有明确表达信息的零散性这一界定，我认为可以简要概述信息的零散性概念。 2. 在"信息的零散性"叙述中，没有紧扣零散性进行展开，仅仅在结尾点明，我认为在理论叙述与例子论证时可以紧扣信息的零散性展开。 3. 全文多为并列式结构，在叙述时可以在段首或段末亮明自己的观点。	黎裕明
语言与标点	见原文修改处	冯美琪 闭维维
文献与注释	1. 文中参考文献标号请设置为上角标。 2. 文后所列参考文献的标点符号（逗号、冒号、小括号）请设置为半角模式。 3. 第[2]条参考文献修改为：卢青青，李雅红. 实施"智慧家校合作项目"构建家校共育新模式[J]. 北京教育（普教版），2019（11）：65—67. 4. 第[3]条参考文献修改为：钟焦平. 谨防微信群发酵负面教育舆情[N]. 中国教育报，2018－10－18（001）.	秦柱秀

续表

题目：《小学家校沟通平台风险管理研究》　作者：凌钊兰		
项目	审核意见	审核人
全文格式	（该格式为基本格式，若具体刊物有不同要求，以该刊为准） 1. 单位名：学校单位名置于名字下方摘要上方，单位改成（玉林师范学院　教育科学学院，广西玉林 537000） 2. 摘要："摘要"两个字中间空两格，且字号四号，加粗。 3. 关键词："关键词"三个字与关键词内容中间空两格，字号四号，加粗。 4. 一级标题：四号，加粗，顶格。 5. 二级标题：顶格。 6. 参考文献："参考文献"四个字，字号小四，加粗，内容字号五号。 7. 联系方式：置于参考文献下方两行后，顶格，字号为五号。 8. 邮政编码：改为 537000。 9. 联系地址：详细到宿舍号。	姚冰雁
查重审核	查重通过，同意。	陈小琦 黄小洋

（四）验收

验收是高校师生协同创新工作坊流程管理中最末端的要素。验收的主要类型是成果。验收的成果包括物化成果、非物化成果等，主要从成果数量和成果质量两个角度来衡量。

1. 成果数量

成果数量并非越多越好，与项目方案设计相匹配足矣。大多时候，成果数量会超越既定设计，也可能会出现因中期调整成果数量总数不变或增加，但数量构成有所改变的情况。

2. 成果质量

成果质量比成果数量更为重要。高校师生协同创新工作坊的一大特点便是成果导向，其中成果的质量至关重要。成果质量的高低可以从成果对比研究设计的达成度、成果与研究项目的匹配度、成果在理论和实践两个领域产生的影响度等来衡量。

第八章

高校师生协同创新工作坊的内部治理

一、基于双向选择开展坊员遴选及考察

(一) 坊员遴选

1. 坊员遴选原则

坊员遴选是高校师生协同创新工作坊的首要工作，也是基础工作。工作坊的根本目的，在于培养人。培养什么样的人，虽然主要受教育环境、教育方式、教育内容等因素的制约，但受培养人的起点和基础也是必须正视的要素。高校师生协同创新工作坊坊员遴选应当遵守如下基本原则。

一是尽早遴选原则。无论是本科生组成工作坊主体，还是研究生组成工作坊主体，都要尽早遴选。遴选坊员的时间在学生过了高校学习生活适应期即可。一般来说，在学生入学后第一学年第二学期遴选较为合适。这是因为对学生而言，无论其在校时间是三年或四年，最后一年都将面临毕业、升学、就业等问题，能够全身心投入创新研究的时间并不长。况且部分专业学生的学制仅为两年，参

与创新的时间更为短暂。及早遴选坊员，还出于以下两方面的考虑：其一，及早培养坊员的研究基础。若工作坊坊员主体为研究生，其可能拥有一定的学术训练经历。若工作坊坊员主体为本科生，其创新研究经历可能为零。及早遴选坊员，将训练研究基础的时间拉长，有助于其形成扎实的研究基本功。其二，为双向选择留出期限。高校师生协同创新工作坊作为一种探索，组织内部的成员要经历互相磨合与适应。及早遴选坊员，可为工作坊导师及坊员留出互相选择的空间和时间。特别是遴选本科生，更应该考虑科学的双向选择机会。

二是宁缺毋滥原则。高校师生协同创新工作坊的宗旨在于创新，创新的核心要素是工作坊成员，包括导师和坊员。尤其是坊员的创新素养决定了工作坊创新的生机和品质。坚持宁缺毋滥原则，可从两方面考虑：一、坚持数量少而精原则。工作坊坊员的数量，不在于形成规模效应，而在于形成凝聚效应。尤其是在工作坊成立初期，数名坊员即可开展创新培训与研究。二、坚持专业基础和创新素养好的原则。包括书面表达基础较好、逻辑思维较佳、好奇心强烈、敢于批判等品质。当然，这些素养要通过合理的测试才能显现出来。此外，坚持宁缺毋滥原则，一定程度上也是为了缓解组织结构庞大带来的管理压力。

三是兴趣第一原则。创新研究不同于其他工作，这是思维高度深入的探索，需要强烈的成就动机才能长期坚持。在遴选坊员过程中，应当发现被试者对创新研究是否具有浓厚的兴趣。衡量被试者的创新兴趣可从几个方面来考虑：其一，被试者不抗拒写作。写作是创新的表达方式，尤其是对人文社会科学学科的创新研究，必须依赖娴熟的文字表达能力。起码，被试者不能对书面表达抗拒、厌恶，才有可能将创新成果恰当地呈现出来。其二，善于质疑发问。对于创新研究来说，发现一个问题要比解决一个问题困难得多。善于质疑、敢于发问的被试者，其创新潜质不可估量。其三，对世界抱有好奇心。创新之难，难在从已知世界走向未知的混沌世界。只有对世界抱有足够的好奇心，发现人之所未见才成为可能。

四是基础扎实原则。创新不是凭空发生的，其建立在自觉的创新意识、良好的创新思维、科学的创新方法之上。遴选坊员应当发现被试者具有良好的创新基础。考察被试者的创新基础可从如下几方面加以考虑：一、逻辑基础。入选坊员应当具备基本的逻辑思维能力，善于发现事物之间的联系，能够掌握分析、综合、归纳、演绎等基本逻辑技巧。二、表达基础。入选坊员应当对语言文字具备较好的掌控能力。掌握基本的语法、修辞、逻辑、文采等表述技巧。三、承压能力。创新研究需要独特的视角，需要从已知中发现未知，需要耐受一定时间的寂寞。这些都要求坊员具备一定的承压能力。四、综合素养基础。主要包括知识面的广度、思维的灵活性与变通性、整体把握事物的意识和能力等。综合素养对创新研究起到润滑剂的作用，在坊员遴选中也要加以识别。

2. 坊员遴选的筹备

大学社团众多，研究机构数量不少，还要不少助学、助研岗位。加之高校师生协同创新工作坊对学生研究基础有一定要求，因此，从众多学生中遴选出工作坊所需的高素质人才，不能抱有"酒香不怕巷子深"的陈旧观念，而要主动出击，及早谋划、早做准备。

一是划定招新范围。高校师生协同创新工作坊坊员招募要从三个角度考虑：第一，招收与工作坊研究方向相同或相近专业的学生。工作坊需要积累创新研究经验，其研究方向必须相对稳定。因此，工作坊招新的主体专业应当与研究方向一致或相近。第二，招收少量跨专业学生。创新的驱动要素中，学科交叉是极其重要的一个。招收少量跨专业学生进入工作坊，可以实现学科交融，破解学科局限，发掘新的创新点。此外，一些支持性的专业，可以为工作坊创新研究提供技术支持，因此有必要在这些专业中招收一定数量的学生。比如信息技术、大数据、统计等专业对绝大多数创新研究都有促进作用。第三，尽量从大一或研一新生中招收坊员。此阶段的学生，刚好适应本科或研究生学习，但未来的学业发展路径还不明确，工作坊正好为其提供学业和生涯发展的平台与支架。

二是准备宣传资料。工作坊招新的宣传材料包括：其一是文字材料。文字材料主要叙述工作坊性质、类型、组建目的、创新内容、坊员权利与义务等。其二是PPT讲稿。PPT讲稿内容与文字材料有一定重合度，也可有所侧重，以鲜活的形式介绍工作坊的意义和优势，吸引优秀人才加入。其三是宣传小视频。当下信息传播的泛在性和大众化决定了人们更喜欢短平快的宣传内容。小视频在大学生中容易扩散，能起到较好的宣传推广效果。

三是面向拟定对象宣讲。虽然信息传播从未像今天这样便捷，但现场宣讲的功效仍然不容忽视。现场宣讲具有感染力和互动性，学生可就关心和有疑惑的问题现场发问，增强其判断力，为其提供选择机会。现场宣讲方式众多，主要包括以下几种：一、播放短视频。短视频具有动感，容易鼓动学生。二、发放宣传页。宣传页可以带走并保存，易于学生斟酌选择。三、现场宣讲及答疑。这种方式互动感强，能反映学生的真实关切程度。此外，QQ 群答疑也是面向特定对象宣讲的方式之一。这种方式可以在现场宣讲之前采用，让学生对工作坊存有大致印象，并判断是否适合自身发展。

四是开展常规宣传扩大知名度和影响力。高校师生协同创新工作坊要打造品牌，扩大影响力，光靠定期招新宣传是不够的。通过常规持久的宣传，能够固化学生对工作坊的好感，吸引优秀的学生加入其中。常规宣传的载体主要有以下几种：其一是 QQ 平台宣传，这种方式易于学生接收相关信息。其二是微信公众号，这种方式易于学生进行个性化阅读。其三是展板，这种方式场地固定、呈现时间长，适合人员密集流动的大学校园。

3. 坊员遴选程序

对于高校师生协同创新工作坊坊员，要挑选出基础扎实、兴趣浓厚、综合素养高的学生，必须依赖科学有效的遴选程序。

一是笔试。笔试的目的在于：通过标准化的纸笔测验，检测学生是否具备从事创新研究所需的分析、综合、演绎、推理等能力。笔试主要采用纸笔答题的方式进行，测试题目可以尽量宏观，考查学生的整合思维。笔试的题量不宜过大，要有充足的时间让学生进行深入阐述，以展现其思维水平。

二是面试。面试的目的在于：通过现场问答等方式，检测学生是否具备从事创新研究所需的思维品质。主要包括思维的灵活性、思维的敏捷度、做事的意志力、知识面的广博程度，等等。面试可以采取从题库随机抽取题目的方式让学生现场答题，也可以采取所有人员回答同一套试题的方式。前者具有随机性，能考查学生的思维水平和应变能力；后者具有标准化特点，能在同一尺度衡量学生的思维水平和综合素养。面试还可以采用无领导小组讨论方式，以测试学生的领导、协同、合作等素养。

三是心理测试。心理测试的目的在于：甄别学生的心理状态，及时发现潜在的风险。创新研究具有一定的压力，坊员难免会出现一定程度的心理问题。在入坊前进行心理测试，既可以排除心理问题严重甚至患有心理疾病的学生，也能保存原始材料。假如学生入坊后发生心理问题，也可以回顾以前的心理状态，为心理疏导或治疗提供参考。心理测试宜采用标准化测试，用通用量表或专题测试量表作为试题。既可现场测试，也可线上测试。一般可采用现场测试办法，在面试前开展。

四是面谈。面谈是高校师生协同创新工作坊遴选坊员的补充方式，主要由工作坊导师完成。增加面谈的程序，主要是发现学生的研究优势，利于在入坊后进行分工，也利于为其提供合适的研究选题。面谈的另一个功能在于，能弥补面试可能产生不确定性的不足。出于题目设计或程序设计原因，可能出现面试不能准确反映学生素养的情况。而面谈可以深入追问，或者旁敲侧击，从多个信息渠道判断学生的综合素养和专业素质。面谈适宜一对一进行，以保护隐私，确保学生回答的真实性和可靠性。

4. 补充遴选方式——推荐与自荐

因为标准化遴选时间节点较早，学生的大学生活才刚起步，有些学生的创新素质还未完全显露出来。所以标准化遴选不一定能把足够多的优秀人才选拔出来。另外，标准化测试站在全面的角度设计选拔，可能遗漏在创新领域实力强大但某些领域有缺陷的学生。为了全方位发现创新人才，故采用补充遴选方式，以弥补标准化测试的不足。补充遴选的方式主要包括推荐与自荐两种。

第一，推荐与自荐的目的。无论是推荐还是自荐，其目的都是发现常规遴选无法发现的创新人才，尤其是无法通过常规测试的偏才、怪才、鬼才。这类人才可能在某些方面发展受限，但创新思维活跃，能长期从事创新研究。

第二，推荐与自荐的方式。主要包括三种方式：一是学生自荐。学生通过对工作坊的了解，认为自己的优势与工作坊发展完全匹配，也有从事创新研究的强烈意愿，就可以向工作坊自荐。二是坊员推荐。坊员在长期与同学共同学习生活过程中，发现身边有符合工作坊条件的人才，或是比自己更优秀的人才，可以向工作坊推荐。对此，工作坊可予以推荐人适度奖励。三是导师推荐。导师在教学科研活动中，发现学生具备优良的创新品质，可与其深入交流，一旦该学生符合工作坊入坊条件，其本人又有较强意愿，可通过导师推荐的绿色通道进入工作坊学习与研究。

第三，推荐与自荐的限制条件。为了提升推荐与自荐的质量，尽可能不遗漏优秀创新人才，也不贸然引入不符合要求的学生，自荐与推荐应当受到一定条件的制约。从时间上看，一般在大二以上学生中推荐与自荐，这个年级的学生已经相对成熟，各项优势已经显露。从范围上看，应当满足导师与潜在人选熟悉这一条件。只有充分熟悉，导师才能评判学生的研究基础和研究素养。从标准上看，自荐或被推荐者要有一定的研究基础或特长。自荐或推荐属于绿色通道，摆脱了一些条框的束缚，更要看重其研究基础和特长，否则就失去了自荐与推荐的意义。

案例

师生协同创新工作坊招新流程

1. 宣讲

确定宣讲人员以及形式、时间、地点、宣讲对象。

2. 笔试

（1）为了保证"公平、公正、公开"三大原则，试题只能在笔试开始前一天到工作坊指导老师处提取，并且由专人负责打印、封存、看管，直至笔试开始。一般情况下由学习工作坊坊主负责对接。

（2）确定笔试的时间、地点、人数。八大分支机构选取 2~4 名负责人到场进行试卷分发、监考、收卷，对于笔试纪律、时间严格把控，杜绝舞弊行为。

3. 面试

（1）面试由工作坊八大分支机构的各个负责人出题，每个负责人根据各自机构需要设置 1~3 道题目，由学习工作坊负责人负责收集汇总发送给工作坊指导老师，指导老师负责选取并完善面试题目，最后交还学习工作坊坊主。

（2）面试题目以及参考答案的打印、发放由学习工作坊坊主负责。

（3）主要面试官由各个分支机构的负责人担任。

4. 心理测试

（1）心理测试与面试同时进行，面试前，首先对被面试者进行 3 分钟的心理测试。等待面试官审阅完心理测试卷，被面试者方可入场进行面试。

（2）心理测试由社会服务工作坊坊主负责出题，以及参考答案的打印，最后交给工作坊指导老师检查通过方可使用。

5．面谈

最终面试通过者由工作坊指导老师负责与他们进行轻松的一对一面谈。

（二）考察期设定

1．观察期

（1）观察周期设定为半年。

（2）观察期见习坊员同样需要承担正式的工作。

2．见习坊员转正

（1）观察期过后，经过全体正式坊员共同评议，投票合格者转为正式坊员。

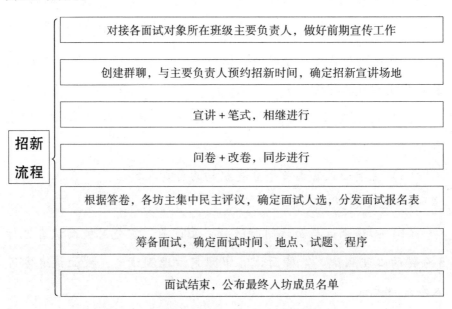

图8-1 师生协同创新工作坊招新流程图

招新流程

对接各面试对象所在班级主要负责人，做好前期宣传工作

创建群聊，与主要负责人预约招新时间，确定招新宣讲场地

宣讲＋笔式，相继进行

问卷＋改卷，同步进行

根据答卷，各坊主集中民主评议，确定面试人选，分发面试报名表

筹备面试，确定面试时间、地点、试题、程序

面试结束，公布最终入坊成员名单

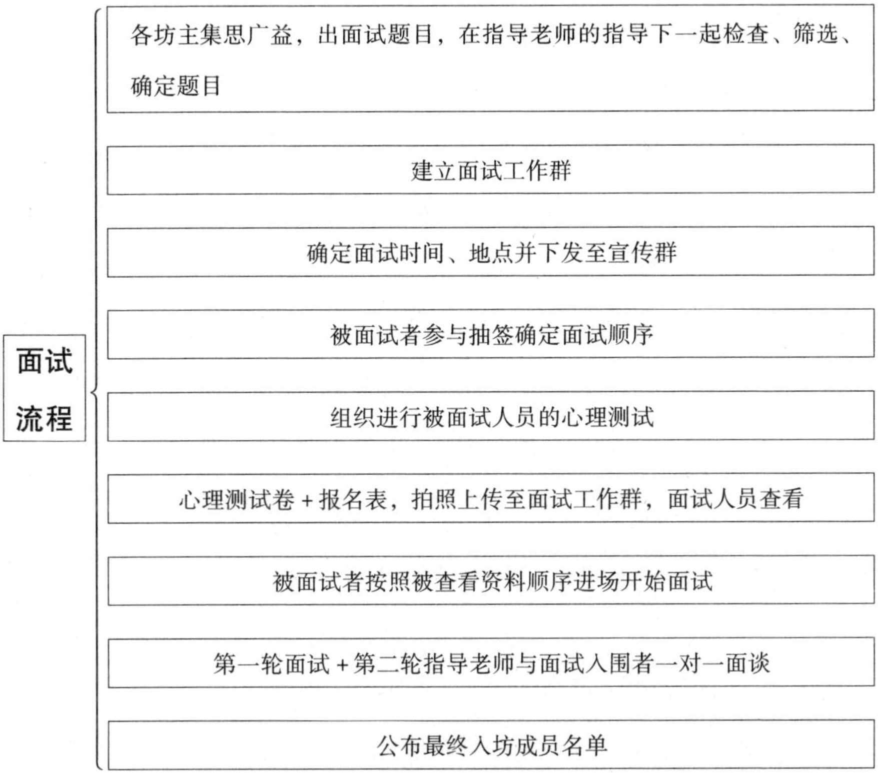

面试流程	各坊主集思广益，出面试题目，在指导老师的指导下一起检查、筛选、确定题目
	建立面试工作群
	确定面试时间、地点并下发至宣传群
	被面试者参与抽签确定面试顺序
	组织进行被面试人员的心理测试
	心理测试卷+报名表，拍照上传至面试工作群，面试人员查看
	被面试者按照被查看资料顺序进场开始面试
	第一轮面试+第二轮指导老师与面试入围者一对一面谈
	公布最终入坊成员名单

图 8-2　师生协同创新工作坊招新面试流程图

（三）考察期与转正

设置考察期限，是高校师生协同创新工作坊的创新之一。该做法类似于工作关系中的见习期。考察期为见习坊员转向正式坊员提供了缓冲，也是衡量见习坊员与工作坊创新工作是否匹配的实践举措。

1. 设置考察期的目的

在成为正式坊员之前设置考察期，其目的有三个方面。一是提供双向选择机会。在考察期内，见习坊员可以感受自己是否适应工作坊的发展，工作坊则评判见习坊员是否具有创新所需的专业素养。二是调整见习坊员分工。见习坊员进入工作坊之处，会根据他们的特长和意愿，进行初步的分工，包括行政工作的分工和专业研究上的分工。这种分工只是一种预判，并不完全符合实际情况。通过设置观察期，考察见习坊员最适合何种角色，并相应进行调整，有利于激发见习坊员的创新热情，也有利于工作坊专业、快速发展。三是促进见习坊员心理适应。设置考察期，是为见习坊员融入工作坊提供缓冲期限，让他们能在此期间逐渐适应工作坊的环境，逐渐熟悉工作坊的导师和其他成员，逐渐融入工作坊这个整体。

2. 考察内容设计

在考察期内，对见习坊员主要从四个方面进行考察。一是考察工作主动性，包括：见习坊员是否具有主观能动性，是否积极参与工作坊事务，是否主动维护工作坊正面形象。二是考察工作效率，包括：见习坊员是否有效率意识，是否能按进度完成分工，是否能解决阻碍工作推进的障碍。三是考察与其他坊员及导师的磨合程度。高校师生协同创新工作坊是研究团队，必须认同团队共同发展的价值观。要考察坊员是否能与其他坊员互相协调、团结合作，是否配合导师的研究指导，是否能完成与自己基础相匹配的研究任务。四是考察研究特长。通过考察期，发现坊员的研究兴趣、研究倾向、研究基础。在此基础上，根据工作坊研究任务给予该坊员合理分工，使其特长得到发挥。

3. 考察期限设定

根据实际情况，师生协同创新工作坊的考察期可以分三类。一是常规期限。即大多数坊员应当履行的考察期，其时间从三个月至半年。二是灵活期限。约定考察期限在半年以内，其间根据坊员表现可以提前结束考察期，转为正式坊员。三是不设考察期。通过推荐等绿色通道进入工作坊，或者入坊以前已经取得重要研究成果，或者研究基础和研究能力已经得到导师公认，对于这类坊员可以不设考察期，直接成为正式坊员。

4. 见习坊员转正程序

见习坊员转正应当遵循一定程序，常见步骤有如下几点。

一是期满申请。见习坊员在考察期临近结束前，向工作坊提出转正申请。提出转正申请要按照两个步骤：一是总结见习期成绩。对见习期间的工作数量、研究经历、创新成果、工作表现、与团队成员及导师的融合等内容进行梳理。二是提交申请材料。可以设计简要表格，分门别类提交有关材料。因工作坊是创新组织，对于这类申请材料应简要处理，不搞繁文缛节。

二是坊员评议。坊员评议是为了检验见习坊员的被接纳程度和被认可程度，这也是团队协同发展的必要基础。坊员评议需要考虑三个问题：其一，圈定评议参与人员。若工作坊规模较小，可以全员参与。若工作坊规模较大，成员间彼此可能不熟悉，只需对口部门的坊员评议即可。其二，设计主要评议内容。可从道德品质、研究成效等方面加以设计，上文在论述考察内容时已经有所论及，此处不再赘述。其三，规范评议程序。可采用见习坊员自述、成员根据评议标准发表意见、不记名投票、宣布评议结果等步骤完成评议。

三是完成转正。见习坊员转正后，其身份得到改变，相应责任和权利也会随之而变。其一，规范评议结果使用。例如，超过三分之二坊员同意转正的可以通过，并向其确认正式坊员资格。其二，明确正式坊员权益。成为正式坊员后在创新研究的独立性、研究资源的配置、研究劳务费用的获取等方面，都要以一定方式明确，以激发工作坊团队成员的研究动力。其三，提出不予转正坊员处理方案。对于未通过转正的见习坊员，可以设定不同类别的处理方案。可以延长考察期，给予二次考察的机会，也可以根据入坊前的协定，退出工作坊，还可以推荐至其他更适合其研究专长的研究创新平台。

案例

师生协同创新工作坊见习坊员转正评议规则

一、评议目的

建立见习坊员转正评议规则是规范见习坊员转正机制、筛选优秀学员入坊、维系工作坊长效运转的重要措施。本评议规则将作为见习坊员转正的文本依据。

二、评议对象

评议的对象是通过招新面试的见习坊员。见习坊员，自通过招新面试起进入为期半年的观察期。其间根据本评议规则进行考察。

三、评议内容

（一）工作主动性

1．主观能动性

能够提前做好各项工作准备，有质量且按时完成各项任务。

2．工作积极性

能够主动参与工作坊的各项活动，不将分内工作推给他人。

3．考勤

指定见习坊员参加的活动（会议、培训、讲座等），需要进行考勤，因参加与工作坊安排冲突的活动（上课、实习、见习等）、生病、家庭重要事件、公事（学院会议、党员会议等）可以提前向导师说明并请假。

4．维护形象

积极配合坊内宣传活动，维护工作坊正面形象。

（二）工作效率

1．根据任务分工与时间节点，按时按质完成相应工作。

2．如有特殊原因无法按时完成任务，须提前向工作坊导师说明，商讨后视情况延期完成或者终止任务。

3．工作过程中遭遇力所不及的困难，能够主动寻求导师或其他坊员的帮助。

4．工作坊导师、管理人员或其他成员通过QQ群、短信等方式发布的通知、公告等，及时按要求回复。

（三）团队归属感

1. 对工作坊的价值高度认同，不抵触工作坊发布的各项任务。

2. 能够与其他坊员协调合作，完成任务。

3. 积极配合导师的研究指导与其余坊员的研究。

4. 能完成力所能及的研究任务。

（四）研究特长

1. 积极思考，主动发现并提出研究思路。

2. 主动撰写、发表论文。

3. 工作过程中采用新思路、新方法。

四、评议程序

（一）申请

1. 提交《转正申请表》（表格自行设计）。

2. 《转正申请表》应包括见习期间的工作完成量、研究经历、创新成果、工作表现、与团队成员及导师的融合等内容。

（二）坊员评价

1. 由见习坊员所在部门的正式坊员对其进行评价。

2. 评价内容参考上述第三点"评议内容"。

（三）转正考核

观察期将近时对见习坊员进行转正考核，考核题目由导师确定，考核结果由导师进行评定。

（四）讨论

1. 各坊主与督查小组根据评议标准、《转正申请表》、坊员评议与转正考核对见习坊员转正发表意见。

2. 进行不记名投票，所得票数占比超过三分之二即可同意转正。

3. 导师拥有一票否决权。

五、评议结果

（一）转正

观察期结束，根据评议结果决定见习坊员是否转正。

（二）劝退

达到以下条件的，经督查小组与导师讨论通过后，对其做劝退处理。

1. 无故缺勤累计3次。

2. 经过提醒后不回复通知且无正当理由的累计3次。

3. 在对应时间节点无故不完成工作任务且不说明的累计3次。

4. 将自身工作推给其他人，造成不良影响的累计3次。

5. 经提醒后没有按时转发工作坊宣传说说和微信推文的累计5次（QQ、微信总和）。

（三）延长观察期

如有以下情况，经导师与督查小组讨论同意后可延长观察期。

1. 研究态度积极，但未取得成绩。

2. 达到劝退条件，但本人强烈要求继续参与研究且经督查小组及导师同意。

表 8 – 1 师生协同创新工作坊坊员分工表

	内容	2017 级	2018 级	2019 级
按专业分工	元培学院院长（研究基础工作，包括选题、研究方法、统计、论文框架、参考文献等）	冯美琪	黎裕明	黄秋霞
	预培学院院长（学生招聘与管理工作）	何姗姗	黎富权	江新桃
	创竞工作坊坊主（大创项目申报、推进、结题；参加"互联网＋"、挑战杯等比赛）	陈玉兰	黎晓乔	宁海燕 凌宏红
	论著工作坊坊主（毕业论文开题、中期检查、答辩等）	王慧 秦柱秀 冯美琪	黎裕明 陈琳琳	原旭辉 姚冰雁
	课程工作坊坊主（教学课程资料管理、打分、成绩录入等）	李瑞婷	凌钊兰	林绿 党焱馨
	研习工作坊坊主（高端研学与社会实践，实习、见习等培训）	卢铠笑 张文静	陈小琦	黄小洋
	社会服务工作坊坊主（对外项目合作）	孟冉	陈琳琳	庞依曼
	生涯规划工作坊坊主（学业规划、心理健康、身体锻炼、后勤保障等）	何姗姗	黎富权	江新桃
按行政分工	资料员	陈玉兰	黎晓乔	宁海燕
	拍照员	何姗姗	黎裕明	原旭辉
	宣传员	何姗姗	陈小琦 陈琳琳	党焱馨 姚冰雁
	投稿员	冯美琪	陈小琦	黄小洋
	报账员	王慧	黎裕明	凌宏红
	考勤员	冯美琪	陈琳琳	庞依曼
	协调员		朱一明	林绿

二、基于全人理念设计坊员发展内容

高校师生协同创新工作坊的核心是培养与发展坊员的创新研究能力。同时，高校师生协同创新工作坊也是一种新的人才培养模式，这种模式建立在坊员健康、符合人才成长规律的基础之上。它不仅注重坊员的创新研究，还要考虑坊员的生涯规划、学业达成、心理适应、校园生活等要素。其中，生涯规划以学业规划为主。

（一）发展规划

高校师生协同创新工作坊的发展规划分为两类：其一是工作坊发展规划，其二是工作坊成员发展规划。此处着重论述工作坊成员的发展规划制定与实施。

1. 制定发展规划的必要性

高校师生协同创新工作坊成员制定发展规划的目标有三个方面。第一，增强成果意识。高校师生协同创新工作坊的导向之一，即产出导向。只有产出具有开拓意义或标志性的成果，才能反证工作坊创新取得明显进展或成效。无论是对工作坊这个团队而言，还是对工作坊成员而言，都需要通过显性或隐性的成果来呈现发展成绩。第二，养成时间管理习惯。规划的重要目的之一，在于实现时间节点管理，促进规划实施者将总目标分解为阶段目标，或是将全局性目标划分为若干支撑性目标。目标的分解带来可操作性，使规划实施者感到目标可控、方案可行、成效可见。通俗地说，就是一口一口吃掉一个大蛋糕。即聚沙成塔、集腋成裘、积跬步以至千里。一且养成时间管理习惯，工作坊成员就逐步完成了自我认知、自我认同、自我激励的心理成长过程。第三，提高学习与工作效率。规划将未来一段时间发展的总任务细化，设计出路线图，且各阶段任务紧密相连、环环相扣。前一阶段的任务是后一阶段的基础，同时也是后一阶段的支撑。一旦前一阶段任务不能按时完成，将不可避免地影响后续阶段目标实现。由此可见，规划能提升实施者的紧迫感，增强其工作与研究的效率意识。

2. 发展规划的主要内容

发展规划的内容框架有多重维度，也有相对成熟的板块化方案。从利于实践、利于操作的角度考虑，发展规划的主要内容可从四个方面进行设计。第一，目标描述。用简洁准确的语言描述预计完成的目标。目标之描述应当可以量化，或可以通过层次、程度等词汇表达水平、质量维度的结果。第二，优势与挑战。围绕完成规划目标，如实分析规划实施者自身的有利条件与存在的短板。只有对自身条件有比较透彻的认识，才能准确分析现实与理想的差距，并千方百计地集聚资源，为完成规划创造条件。第三，完成策略。完成策略是规划内容的重中之重。完成策略包括达到目标的方法选择、完成任务的路径选择、保障实施的支持条件等。策略是倾向性的概括，是相对稳定的行动方式。只有选择科学、可靠、便捷的完成策略，才能最大限度、最高效率地实现规划目标。第四，达成度对照。达成度对照是规划实现程度的直接呈现。达成度对照可以选择不同期限。与大学校历相匹配，可以选择每学期对照一次，同时每学年再次对照。达成度对照应当如实比对规划目标，从数量、质量等角度进行评价。

3. 撰写发展规划的程序

高校师生协同创新工作坊的主体是学生坊员，他们还不具备成熟的规划编制技术。从一定程度上说，需要在零起点帮助坊员撰写发展规划。坊员撰写发展规划的程序可分为四步。第一，思考发展定位。用较长时间安排坊员思考学业、研究、职业等维度的发展目标，使其为未来画像。第二，学习优秀规划表。模仿是最好的训练方式。为坊员提供规范、成熟、优秀的规划表，让坊员直接参照。第三，拟定规划表草稿。让坊员初步撰写，允许坊员试错，通过拟定规划草稿，给学生提供二次修正机会。第四，填写正式规划表后。这是撰写发展规划的最后一个步骤，也是坊员对未来设计的庄严承诺。完成正式规划表后，不能束之高阁，应当放到放眼可见、触手可及之处，时时提醒规划实施者处于发展征途之中。

4. 发展规划的对照与调整

规划不仅是一纸文稿，也是发展的导航图。航线是否错误，航向是否偏移既定路线，需要在航行过程中小心检视、谨慎调整。实施过程中对照和调整发展规划，可从三方面考虑。第一，定期交流发展规划实施情况。在学期中，可以组织坊员对照规划实现情况，也可以组织专题性发展规划实施研讨活动，以共享智慧。第二，每学期总结规划实现程度。学期结束之前，组织坊员总结工作，可以用发展规划总结替代个人工作总结。第三，撰写新一期规划书时调整目标与策略。发展规划书可以设定三年或四年远期目标，也要设定学期发展目标。在每学期初，要对中期目标进行调整，同时根据实情科学设定新学期发展目标。调整或新设目标尽量做到不菲薄、不拔高、不空洞。

案例

表8-2　玉林师范学院师生协同创新工作坊成员20　　年—20　　年第　　学期学业规划表

规划周期：20　年　月—20　年　月					规划人：
编号	时间段	预期目标	可行性描述	主要策略	完成情况自我评定

填写说明：1. 预期目标尽可能具体，减少描述性的表达。2. 此表一式两份，一份上交，一份压在宿舍台面下，以便随时阅读，学期总结必须对预期目标的实现情况做出反馈。3. 此表要有电子表。

个人规划完成情况自查登记

完成时间					
等级					

说明：自己对完成情况评等级，分为优秀、良好、合格、不合格四等。

（二）学业达成

1. 学业达成的主要内容

高校师生协同创新工作坊成员学业达成的主要内容包括以下四方面：一是课程学习。这是学业达成的主要内容，是坊员获取学分的主要渠道，也是坊员完成高等教育的主要通道。二是第二课堂（社团）学习。作为课程学习的补充，第二课堂或社团给坊员提供更多选择的机会，让学生个性化发展，同时促进学生全面发展。三是技能训练。不少高校将学生的专业技能单列出来，建设不同类别的平台予以保障。对于应用型、混合型专业的学生来说，技能训练是不可替代的重要学业内容。四是升学。主要是升入高一层次学历学校学习，包括硕士、博士研究生阶段学习，也包括专升本等。

2. 学业达成的支持策略

工作坊对坊员学业达成的支持策略包括这几方面：一是资源共享。成员之间可以共享课程资源、学习资料等。二是信息互通。对于学习、训练、考试、升学等方面的学业发展信息，成员之间可以互相传递，降低单个成员获取信息的成本。三是互助交流。关于学习方法、学习资源、备考技巧、考研升学等，坊员可以组成互助组织，分工配合、互通有无、共同发展。四是个别指导。对于个别同学的确需要个性化的学业指导，而导师有相关资源或指导能力时，可以开展个性化指导。

3. 学业达成与工作坊创新的关系处理

学业达成并不是工作坊的中心工作，但是学业达成与工作坊创新二者间具有不可分割的关系。虽然高校师生协同创新工作坊不是无限责任工作坊，但对与创新密切相关的学业达成，有必要厘清二者关系。第一，学业达成是基础。对于创新而言，学业达成是先决条件。虽然我们提倡创新，也允许为了创新而放弃其他选项。但绝大多数坊员的创新都是建立在坚实的学科基础之上的，很少能凭空产生创新思维和创新成果。第二，学业达成是底线。创新是远景目标，学业达成是现实要求。学业达成不能实现，坊员将面临不能毕业、不能升学、不能就业等窘境。第三，工作坊创新是升华。创新是个性化的发展，是对常规学习的再次提升。没有创新发展，学业达成会陷入孤立封闭、学成即止步的境地。第四，创新能反哺学业达成。创新带来的思维的开阔程度，带来的思维的灵活程度，带来的思维的独特视角，都能反过来促进学生更科学、更高效地选择学习方式、提高学习效率。

案例

师生协同创新工作坊考研互助沙龙通知

时间：2019 年 7 月 12 日

对象：师生协同创新工作坊考研学生

地点：明德楼 310 会议室

主持：孟冉

主题：考研辅导及互助沙龙

议程：

1. 老师做考研动员讲话（10 分钟）

2. 按考研议题讨论资料整理分工（20 分钟）

3. 学生提出疑惑，互相答疑（10 分钟）

要求：

1. 不可迟到，遵守会议规定，不得玩手机。

2. 带上笔记本做好记录。

3. 若有事不能到场，需要找对应年级纪律委员批准请假。

附：师生协同创新工作坊考研互助沙龙考研讨论议题

一、考研外语学习（大一下学期开始执行）

关于英语学习将从考试内容与试卷结构、考查内容与备考方法整合两个点进行介绍。

（一）试卷结构

以考研英语二大纲举例，现如今英语二的考试内容包括英语知识运用、阅读理解、翻译与写作四个部分。

1. 英语知识运用（完形填空）

共20小题，每小题0.5分，共10分。

在一篇有20个空白的约350词的英文文章中，要求考生从每题给出的A、B、C、D四个选项中选出最佳答案。

2. 阅读理解

该部分由A、B两节组成，共25小题，每小题2分，共50分。

其中，A节有四篇英文文章，每篇文章设5个问题，每小题2分，共40分。

B节有两种备选题型，每次考试从这两种题型中选择其中的一种形式。本节文章设5小题，每小题2分，共10分。备选题型包括多项对应和小标题对应。

3. 翻译

要求考生阅读、理解长度为150词左右的一个或几个英语段落，并将其全部译成汉语。共15分。

4. 写作

该部分由A、B两节组成。共2题，25分。

A节是考生根据所给情景写出约100词（标点符号不计算在内）的应用性短文，包括私人和公务信函、备忘录、报告等。共10分。B节要求考生根据所规定的情景或给出的提纲，写出一篇150词左右的英语说明文或议论文。提供情景的形式为图画、图表或文字。共15分。①

---

① 考研英语大纲 [DB/OL]. https://baike. baidu. com/item/考研英语大纲/4790114? fr = aladdin, 2020 – 06 – 27.

（二）备考方法

1. 单词复习

语言类的学习最重要的是打好基础，单词的积累在英语学习中至关重要。

如何具体学习单词，建议采用两种方法：词根法与联想法。

2. 阅读复习

阅读 A 部分共四篇，每篇长度约 350 词，B 部分 450~550 词。

（1）阅读练习建议：真题

（2）练习时间分配建议：总时间建议为 70~75 分钟，每篇时间 17~18 分钟（其中 7~8 分钟阅读文章，10 分钟解题）。

二、考研准备策略（大二上学期开始执行）

（一）学习时间安排

1. 考研预备期（9 月—次年 4 月）

（1）英语每天 3 小时

（2）了解院系状况，尽早确定院校专业选择

（3）做好全年规划，有取有舍，调整心态

（4）联系考研成功的学长学姐，了解考研形势

2. 基础学习期（5 月—7 月）

（1）英语每天 3~4 小时

（2）专业课每天 2 小时

（3）兼顾期末考试

3. 得暑假者得考研（7 月—8 月）

（1）英语 3 小时

（2）专业课每天 3~5 小时，整理笔记

（3）利用暑假上好辅导班，注意老师讲解的知识点

4. 考研提高期（9 月—11 月初）

（1）英语每天 2 小时

（2）专业课每天 5~7 小时，重点在做题

（3）政治每天 1 小时

5. 冲刺整合期（11 月中旬—12 月）

（1）政治背诵每天 3 小时

（2）英语作文每天 1 小时

（3）专业课整合

（4）心态调整时间自己安排

（二）避免实习、上课、开题等与复习冲突

1. 避免实习与复习的冲突

（1）正常时间实习

（2）延后实习

2. 平衡上课和复习的冲突

（三）笔试专业题主观性试题高分思维

借鉴考研成功人士的经验。

（四）面试加分项

1. 本科阶段发表的论文、著作

2. 各种大学英语证书（英语竞赛获奖证书），四、六级证书（CET-4、CET-6）

3．计算机等级证书

4．学校荣誉证书

（1）成绩证书

奖学金证书，其他成绩证书等

（2）实践证书

"优秀毕业生""优秀党员"等

5．专业能力证书（教师资格证、技能比赛证书等）

6．专业实践的证明，比如参加过的科研项目（"互联网＋"、挑战杯、大创等）、实习证明、兼职证明，等等

（五）自学还是报班

1．自学：专业基础好，自制力、自学能力、执行力强

2．报班：基础较差，自制力较弱，理解、学习能力较弱，经济条件好

三、学校、专业选择（大二上学期开始准备）

在选择学校时需了解该学校的以下信息：

1．学校录取信息对比

2．各校调剂政策

（1）调剂范围

（2）分专业要求（教硕）

3．报考技巧

（1）综合性院校的教育类专业

（2）师范性院校专业选择

（3）避免扎堆

4. 推荐免试入学条件与政策

四、考研初试（大二下学期开始准备）

（一）熟悉初试科目及分值

以小学教育专业为例，考研初试科目及分值图解：

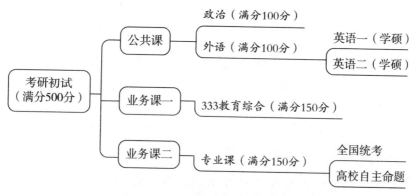

图 8-3　考研初试科目及分值

（二）了解考研初试时间

全国硕士研究生招生考试初试时间为每年 12 月末，大部分专业 2 天考完，部分专业 3 天考完。

（三）掌握初试科目试题结构

1. 政治试题结构

政治：马克思主义基本原理概论 24 分，毛泽东思想和中国特色社会主义理论体系概论 30 分，中国近现代史纲要 14 分，思修与法律基础 16 分，当代世界经济与形势与政策 16 分。①

---

① 考研政治大纲 [DB/OL]. https：//baike. baidu. com/item/考研政治大纲/1781756？fr＝aladdin，2020－06－27.

2. 英语试题结构

英语：完形填空 10 分，阅读 A 部分 40 分，阅读 B 部分（新题型）10 分，翻译 10 分，大作文 20 分，小作文 10 分。①

3. 333 教育综合试题结构

（1）333 教育综合具体内容

考研教育类 333 综合是全国统一大纲，由各招生院校自主命题。333 教育综合的具体内容包括教育学原理（约 60 分）、中国教育史（约 30 分）、外国教育史（约 30 分）和教育心理学（约 30 分）。②

（2）333 教育综合题型结构

大多数院校的 333 教育综合试题的题型包括名词解释题、简答题、分析论述题等主观题。

（部分学校的指定书目和大纲规定的范围不一致，复习应以学校提供的参考书为准）

（3）专业课试题结构

以"小学教育专业"为例，其专业课考研试题由招生院校自主出题，考试科目和所用书籍都可以在中国研究生招生信息网上查询。

---

① 考研英语大纲［DB/OL］. https：//baike. baidu. com/item/考研英语大纲/4790114? fr = aladdin, 2020 - 06 - 27.

② 2020 教育硕士 333 教育综合备考经验总结［DB/OL］. https：//bilin. wendu. com/jyss/jyfx/3622. html, 2020 - 06 - 27.

（四）明确初试出题方式与分数线

1. 统考与非统考

所有公共课（政治、英语）为全国统考科目。此外，全国统考专业课包括：法硕、农学、心理学、教育学、历史学、西医综合、计算机科学与技术等（满分均为150分），除此之外，其他非统考专业课均为招生院校自主命题。

2. 总分线与单科线

考研国家线是教育部依据硕士生培养目标，结合年度招生计划、生源情况及总体初试成绩情况，确定报考考生进入复试的基本要求标准，其中包括应试科目总分要求和单科分数要求。①

（五）明确初试注意事项

1. 提前备好考试用品

2. 熟悉考场规则

3. 对各科考试题型题量烂熟于心

4. 娴熟掌握各科考试答题技巧

5. 查缺补漏，保持良好状态

（六）调整初试准备状态

1. 调整作息时间，稳定生物钟

2. 将任务分解到每一天

3. 排除干扰、按计划学习

4. 给自己积极的暗示

---

① 考研国家线 [DB/OL]. https://baike. baidu. com/item/考研国家线/1108354? fr = aladdin, 2020 – 06 – 27.

五、考研面试常见问题

(一) 面试常见程序①

1. 面试形式

(1) 结构化面试

(2) 小组讨论面试

2. 面试流程

(1) 报到

(2) 候考

(3) 进入考场

(4) 答题

(5) 退场

(6) 公布成绩

(7) 等待录取通知

3. 大体录取原则

(1) 复试少于60分者，不录取

(2) 大部分院校一般按照一级学科组织面试，按录取总成绩从高到低录取学生

(二) 面试常见题目

1. 自我介绍

2. 你为什么选我们学校/专业

3. 你对这个专业有什么了解

---

① 考研复试流程 [DB/OL]. http://www.yanxian.org/html/fsjy/6458.html, 2020 - 06 - 27.

4. 说一下你的毕业设计

5. 有没有兴趣读博士/出国交流

6. 大学期间/最近读了哪些书

7. 读研期间规划

8. 为什么换专业

9. 你有哪些特长

10. 本科学了哪些课程

（三）面试成绩折算

录取总成绩＝初试总成绩×初试成绩比重＋复试总成绩×复试成绩比重

（四）面试加分项目

1. 仪表自然、衣着得体

2. 有恰当不夸张的体态语言

3. 与考官有适当的眼神交流

（五）面试失败原因分析

1. 心态不佳

2. 信息渠道不畅

3. 跨专业报考难度太大

4. 准备不充分

（三）心理调适

1. 心理调适的必要性

之所以将心理调适纳入工作坊整体发展设计，是因为工作坊是创新平台，坊员需要长期专注于工作，由此带来的工作压力不容忽视。工作坊心理调适的必要性有以下几方面。第一，舒缓学业压力。在提高高等教育人才培养质量，尤其是建设高水平本科教育背景下，高校在专业建设、课程建设、教学实施、学业评价等方面都将持续发力。大学生轻轻松松混毕业的时代渐行渐远。工作坊成员应当都存在一定的学业压力。第二，提高研究效率。创新研究是高度思维化的形式，对坊员有一定挑战。适度的心理调适能缓解其研究的疲乏与压力。第三，发展健全人格。创新研究事关工作坊成员前途，健全人格则事关工作坊成员成长幸福。没有和谐过程，即使暂时获得研究成果，也可能埋下不可避免的隐患。第四，团队和谐共生。作为一个整体，高校师生协同创新工作坊需要形成健康向上的心理氛围。作为一种润滑剂，这种氛围润物无声地促进团队成长。

2. 心理调适的方式

心理调适的方式有如下几种：第一，团队活动。工作坊定期组织沙龙、小竞赛、爬山、观影等活动，这样有利于放松身心。第二，导师谈话。一旦发现有坊员出现心理压力大的苗头，导师可以主动询问、亲切交谈，及时化解可能爆发的心理危机。第三，自我放松，教会坊员一些心理放松的小技巧、小习惯，帮助其自我调适。第四，专业力量介入。对于复杂、严重的心理问题，需要及时寻求专业帮助。高校一般都有相应的专业师资力量，可以及时矫正、治疗。

3. 发现心理问题的渠道

心理问题并不会时时刻在脸上，工作坊成员，尤其是导师应当具备一定的敏感性，及时发现并处置。发现坊员心理问题的渠道有三种：第一，招新测试。在工作坊招新阶段设置心理测试，通过专业化的量表，检测学生的心理状态与心理品质。招新的心理测试不仅有利于甄别学生是否有心理问题，也能根据学生的心理测试结果安排其担任合适的工作坊职务。第二，坊员观察。坊员之间接触机会多，共处一个物理空间甚至住在同一个宿舍，能最先发现异常之处。第三，导师观察。通过与学生的交流，导师能判断该生是否出现心理异常的苗头。

案例

高校师生协同创新工作坊成员心理测试①

为促进工作坊成员的心理健康，本工作坊例行心理测试。

一、测试选项

选项 A 为"是"，选项 B 为"无法确定"，选项 C 为"不是"

二、心理测试题目

1. 心情总是闷闷不乐，情绪善变。　　　　　　　　　（　　）

2. 老是担心门没锁好，电源可能有问题，因而多次检查，甚至走了好远还拐回来看看。　　　　　　　　　　　　　（　　）

3. 虽未曾患过恶性疾病，却一直担心会不会染上什么严重的病。

　　　　　　　　　　　　　　　　　　　　　　　（　　）

4. 容易脸红，害怕站在高处，害怕当众发言。　　　（　　）

5. 由于关心呼吸和心脏跳动的情况而难以入睡。　　（　　）

6. 每天总是多次洗手，认为公用电话不洁而不敢使用。（　　）

---

① 刘美娟. 心理健康测试 20 题目——最准的心理测试题 ［DB/OL］. http：//m. gaosan. com/gaokao/240119. html, 2020 - 06 - 27.

7.　总是担心"这样做是否顺利"，以致无法放手去做该做的事。

（　　）

8.　有些奇怪的观念总是出现在脑海，明知这些念头很无聊，却又无法摆脱。（　　）

9.　离开家门时，如果不从某只脚开始走，心里总是不安。改变床附近的东西就无法入睡。（　　）

10.　尽管四周的人在欢乐地取闹，自己却觉着没有什么意思。

（　　）

11.　外界的东西犹如影子一般朦胧，见到的东西无法清晰地回忆出来。（　　）

12.　总觉着最近父母或亲友对自己太冷漠，或者不知为什么总是很反感或产生强烈的孤独感。（　　）

13.　心中无端地产生"这个世界正趋于灭亡，新的世界即将开始"的感觉。（　　）

14.　总觉着有人在注意、凝视自己或追赶自己。（　　）

15.　有时会产生被人左右或身不由己的感觉。（　　）

16.　常自言自语或暗自发笑。（　　）

17.　虽然没人却总觉着有声音，晚上睡觉时总觉着有人进入了房间。（　　）

18.　遭遇失败或与旁人不和谐时，会很敏感地觉着"我被人嘲笑"。（　　）

19.　当自己的权利稍稍受到侵害时就拼死力争。（　　）

20.　当东西丢掉时，便不由自主地想到"大概是某某偷去的"，

当受到领导的批评时，立即会想到"一定是某某告密的"。（　　）

三、评分标准

是：2 分；无法确定：1 分；不是：0 分

四、结果统计

1—11 题作为 A 类，你的总分是：（　　　）

12—17 题作为 B 类，你的总分是：（　　　）

18—20 题作为 C 类，你的总分是：（　　　）

五、结果分析

（1）A 类和 B 类的得分都在：

4 分以下：心理非常健康。

5—7 分：你的心理健康状态尚可，可算是一个正常的人。

8—10 分：表明你的神经有些疲倦，你最好是设法减少学习的压力，进行娱乐以调节生活而放松精神。

（2）A 类得分在 11 分以上：可能会有神经衰弱的倾向，你就要关心一下自己的健康了。

（3）B 类得分在 11 分以上：那你就有预防精神分裂的必要了，最好是请心理老师辅导，早些预防。

（4）C 类得分在 4 分以上：那你就有强烈的妄想倾向，最好是尽早地请老师进行辅导。

（四）生活调剂

爱生活是创新研究的世俗表现。有些学术工作者生活简朴，甚至寒酸，但并不能说明其不热爱生活。高校师生协同创新工作坊的坊员是风华正茂的学生，他们对生活充满了期待。从管理角度上说，工作坊应该关心他们的生活世界。

1. 倡导健康的生活方式

倡导健康的生活方式，工作坊应当从以下几方面加以提倡：第一，有兴趣爱好。过问坊员的兴趣爱好，鼓励其丰富业余生活，与工作、学习相得益彰。第二，坚持锻炼身体。以适度的锻炼放松身心，保持充沛的精力投入工作之中。第三，不以损毁健康为代价去工作学习。应当倡导工作坊成员讲方法、讲效率、讲规划，不打疲劳战，不以损耗身心健康为代价投入工作和创新。

2. 组织工作坊团队活动

组织是由人构成的，人是有感情的高级生命形式。如果团队活动缺失，创新研究也将失去色彩。高校师生协同创新工作坊的团队活动可以考虑从三方面入手：第一，迎新活动。在招新结束阶段，组织新老坊员互动联谊，加深彼此印象，为下一步团结协作打下基础。第二，出坊（毕业）仪式。工作坊成员毕业或因项目结束退出工作坊，可以举行出坊（毕业）仪式，感谢他们在工作坊的辛勤工作和创造性的付出，为他们留下美好的回忆，也为今后的进一步合作留下空间。第三，团建活动。组织必要的团队建设活动来增加认同感，消弭成员之间的不和谐。团队建设活动在心理调适部分已经论及，此处不再赘述。

案例

高校师生协同创新工作坊团队活动方案

1. 活动目的

（1）了解友好合作的必要性和重要性。

（2）体验团结合作带来的快乐情感，增强合作意识。

（3）初步掌握如何进行团结合作，培养合作能力。

（4）养成坊员良好的团队合作意识。

2．活动场地安排

高校师生协同创新工作坊共享厨房。

3．活动形式

集体聚餐。

4．活动要求

（1）收集全体成员的空闲时间。

（2）工作坊指导老师与工作坊全体成员按时到场，不缺席。

5．活动准备

（1）根据大家的喜好准备烹饪材料，材料购买需先分门别类再进行分工。

（2）从全体坊员中推举三位成员或坊员自荐，准备若干道自己的拿手菜肴，其余人负责打下手。

（3）全体坊员和指导老师进行品尝和交流。

（4）饭后趣味小游戏，例如：合串名字，游戏规则：全体成员由第一名成员开始说出自己的名字，第二名成员接着说，内容为"我是×××后面的×××"，第三名成员说，"我是×××后面的×××后面的×××"，依次下去，最后一名成员要将前面所有成员的名字复述一遍。游戏目的：活跃气氛，打破僵局，加速成员之间的了解。

（五）保险托底

作为商业化、社会化的支持方式，保险能显著降低高校师生协同创新工作坊的运作风险，应当予以考虑。

1. 坊员全体购买意外险

谁也不希望有意外发生，但世界是充满未知因素的。为全体坊员购买意外险，能在关键时刻减轻坊员因不可抗力造成的身心、家庭等方面的遗憾和痛苦。

2. 坊员按需购买疾病险等

国家医疗保险体系已经十分完善，加之各种互助型医疗产品众多，坊员可选择的抵御疾病风险的选项较多，工作坊应予以鼓励，有条件的按需购买。

（六）人文关怀

1. 营造健康向上的工作坊文化

首先，从工作坊的定义上看，协同文化即通过团队作战，完成个人不可能完成的任务，其建设应当摆在首位。其次，创新需要敢为人先、勇于探索，争先意识极其重要。即可通过基本的学术训练，鼓励引导坊员敢于质疑、善于发问、主动探索未知世界。再次，培养坊员的同理心、同情心。这是从事学术职业的必要伦理。虽然工作坊并不一定是高端、顶尖的专业学术机构，甚至可能只是训练学生创新思维的引导平台，但是工作坊除了培养学生专业素养以外，还要坚持人类共同的发展理念。

2. 实施工作坊坊员关怀制度

工作坊是一个大家庭，彼此关怀让人感到温暖。工作坊规模适度，这为设计坊员关怀制度提供了良好的物理环境。工作坊的坊员关怀制度，可以在坊员生病、遭遇重大变故、处于人生重要节点等期间发挥作用，促进坊员之间互相支持帮助。这里的关怀制度最好由坊员拟定，然后全员完善，不提达不到的要求，从情感支持、工作分担、人力支援等角度来设计。

案例：

高校师生协同创新工作坊坊员关怀制度

（2020 年 6 月 6 日工作交流会全体参会坊员表决通过）

1. 坊员生病

（1）对生病的坊员可通过视频、信息、电话等方式进行慰问。

（2）对生病的坊员，力所能及地分担其工作或者进行工作交接。

2. 坊员遭遇家庭变故

（1）了解遭受家庭变故的坊员情况。

（2）对该坊员进行委婉慰问与沟通疏导。

（3）对于情况严重的坊员，工作坊需尽最大的努力帮助坊员渡过难关。

3. 坊员处于人生重大窗口期

（1）对于在考研、学习等事情上感到压力大，或心理出现问题的坊员，需要进行委婉的慰问。

（2）了解原因后，需给予坊员心理上的安慰以及恰当的心灵疏导。

4. 工作坊集体活动

（1）每个学期安排坊员聚餐、看电影、唱歌、烧烤、团建（外出）等活动。

（2）科学安排坊员集体活动时间、活动地点与活动内容等。

5. 入坊欢迎仪式

新老坊员一起聚餐（或举行茶话会、恳谈会等），交流工作分工、对接、注意事项等。

6. 毕业欢送活动

举行联谊活动，互赠小礼物等。

三、基于 A/B 角互补规划坊员分工

（一）不同年级梯队培养

无论是专业分工，还是行政分工，都需要坊员去熟悉、去适应。高校师生协同创新工作坊作为一个学生发展组织，不仅具有创新研究功能，还有教育功能，即通过工作坊运作培养坊员的全方位素养。梯队培养是工作坊人才成长的渐进模式，可按坊员入学年限长短区分其培养目标。

1. 入坊第一年——从学

坊员一般从大学一年级下学期入坊，实际上该年度只有半年在坊时间。第一年，坊员的主要任务是跟从学习。此阶段，坊员的主要任务有以下几项。一是熟悉工作坊组织结构。工作坊从行政角度和专业角度两方面进行分工，麻雀虽小，五脏俱全，坊员需要在一定时间内熟悉各分支机构及其职能。二是适应工作坊发展机制。工作坊的目标是什么，通过什么方式运行，坊员自身能够从中获得什么，自己需要打牢哪些方面的基础，这些内容都需要新坊员逐步弄清楚。三是了解工作坊人员组成。工作坊成员来自不同年级、不同专业，极少数坊员甚至可能跨学科。要在后期工作研究中实现协同发展，新坊员需要一定时间去熟知其余成员。四是形成工作坊价值认同。在入坊第一年，新坊员的任务相对较少，有较为充足的时间去认知、理解、认同工作坊的核心价值和发展理念。

2. 入坊第二年——领学

领是领导、引领之义，此阶段坊员的主要任务是引领学习、勇

挑重担。具体来说，其任务包括三个方面：一是领导各分支机构工作。工作坊细分为若干个分支机构，各分支机构设置负责人。入坊第二年学生应当具备独立领导该分支机构运行的能力。二是全面开展创新研究。通过第一年的熟悉和预备，此时工作坊成员已经进入战斗状态，在工作坊的主航道上展开进攻，即进行创新研究工作。三是系统实现自我发展。虽然此阶段还是大学第二年，但我们认为坊员应当全面实现自我发展。如果缺乏专业的规划和引导，学生四年或三年的大学生活就会转瞬即逝。正因为有了工作坊的系统设计，坊员才能按部就班、有条不紊地朝着预设目标前进。

3. 入坊第三年——导学

此阶段学生研究能力、角色认同等已经相当成熟，此阶段的主要任务是指导学习、培养新人。具体来说包括三个方面：一是继续开展创新研究。创新研究是工作坊坊员的主业，在入坊第三年要继续开展。此阶段的创新研究因为有了扎实的基础和规范的训练，故应该以出成果、出专利、出产品为目标。二是指导低年级坊主管理分支机构。在入坊第三年，工作坊各分支机构已经迎来了新的管理者。但是高年级坊员具备先期管理经验和管理技巧，由他们指导各分支机构的管理者，有事半功倍之效。三是协助完成其他工作坊事务。入坊第三年的坊主行政事务相对较少，其学业课程也相对减少，有精力专注于完成研究工作，也能够协助完成工作坊其他事务，比如对外联络、参与社会服务项目、整理宣传工作坊成果等。

4. 入坊第四年——选学

此阶段坊员处于毕业前期，他们要考虑升学、就业等人生重大事宜。这个阶段坊员的主要任务是选择性学习、兼顾发展。具体来说坊员此阶段的任务有三个：一是选择持续性研究项目。对于和坊员升学、就业高度关联，或者有强烈兴趣驱动的项目，仍然可以持续开展研究。二是完成升学、就业等目标。升学、就业作为坊员重大人生选择，此时到了最后冲刺阶段。坊员自身要做好充分规划、全面准备。同时，工作坊从团队角度也可以提供相对专业的支持，在信息分享、技术支持等方面予以帮助。三是总结入坊以来的工作研究得失。每个坊员都是独一无二的。他们在工作坊学习、工作、研究期间，都会留下遗憾、感动、失败、成功。让他们总结成长的心路历程，有助于后来者去粗取精、去伪存真，更快地实现专业化发展。

需要指出的是，如果研究生阶段采用工作坊运作模式，坊员在校年限可能缩短。这种情况下区分不同年份的工作任务，可以考虑合并第二、三年的工作任务，也可缩短第一、四年的任务期限，同样可以实现不同年级坊员的梯队培养。

案例

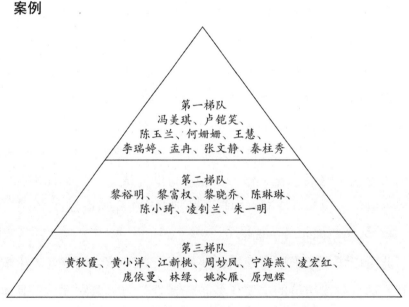

第一梯队
冯美琪、卢铠笑、
陈玉兰、何姗姗、王慧、
李瑞婷、孟舟、张文静、秦柱秀

第二梯队
黎裕明、黎富权、黎晓乔、陈琳琳、
陈小琦、凌钊兰、朱一明

第三梯队
黄秋霞、黄小洋、江新桃、周妙凤、宁海燕、凌宏红、
庞依曼、林绿、姚冰雁、原旭辉

图8-4 教育协同创新工作坊梯队图

目前，教育协同创新工作坊如图 8-4 所示，由三个梯队组成，第一梯队为 2017 级学生，第二梯队为 2018 级学生，第三梯队为 2019 级学生；第一梯队主要对 2018 级和 2019 级进行绩效考核、领导力示范等，第二梯队"承上启下"，形成相应的管理体系，培养并发展第三梯队，第三梯队为人才储备库。

（二）同年级角色补位设计

组织的优势在于人力资源绵绵不绝。成立工作坊开展创新研究和学生个体从事创新研究的区别之一，在于前者有团队的协同和支持。假如工作坊某个成员由于特殊原因不能履行在工作坊的管理职能或不能继续开展研究工作，工作坊这个组织也不能停滞，而要继续发展。在实践中，设计了 A/B 角补位，能化解由个体原因导致的团队风险。

1. A/B 角补位设计的必要性

A/B 角补位设计的初衷在于三个方面：一是应对突发情况。要确保工作坊不为个人原因而停滞不前，必须在人力资源分配时考虑如何避免个人缺位导致工作坊停顿。如果遇到坊员生病、家庭变故、学业中断及其他不可抗力导致的不能在岗等情况，A、B 角能迅速补位。二是感受彼此辛劳。设置 A/B 角补位，让彼此尝试对方的工作，能增进了解，感受对方工作之艰辛，增加工作坊内部理解与协同度。三是促进融合发展。设置 A/B 角补位，也可尝试一定时间内互换职位，学习对方的工作流程、工作标准，促进自我工作或研究的发展。

2. 角色补位的原则

A/B 角补位需要遵循一定原则，以避免折腾，浪费管理资源。

主要原则有两个：一是补位人专长相同。擅长研究的人一般不要补位到竞赛岗位，擅长对外联络的人一般不要补位到内部资料管理等岗位。二是经历相似相近。以前从事过宣传工作的坊员，可以安排完成工作坊的宣传工作，以前从事过科研助理等工作的坊员，可以安排完成工作坊的报账、统计、资料整理等岗位。总之，补位是为了促进工作坊更快地发展，而不是开倒车，为工作坊发展增添阻力。

案例

表 8 - 3 师生协同创新工作坊 A、B 角分工表

类别	内容	A 角	B 角
日常工作分工	记录、整理资料及存档	陈玉兰	黎晓乔
	拍照、宣传	何姗姗	黎裕明
	账目管理	王慧	凌宏红
	策划、安排、联络	冯美琪	卢铠笑
专业工作分工	元培学院院长（研究基础工作，包括选题、研究方法、统计、论文框架、参考文献等）	冯美琪	黎富权
	创竞工作坊坊主（大创项目申报、推进、结题；参加"互联网＋"、挑战杯等比赛）	陈玉兰	黎晓乔
	论著工作坊坊主（论文选题、文献、修正、投稿等）	王慧	黎裕明

四、基于绩效达成建构四段四维工作机制

对于工作坊的发展来说，产出是主要特征之一。只有产出才能证明工作坊的创新能力，才能证明工作坊这种培养模式具有先进性，才能证明协同发展这种运作模式具有生命力。就绩效达成而言，构

建四段四维工作机制，从计划、监督、调适到评价形成闭环，从目标、过程、方法到激励形成系统。

（一）计划阶段——目标维度

此阶段是工作坊运作的首要阶段。好的计划具有可操作性，能准确勾勒出发展路线图。同时，计划要能体现目标维度。

1. 明确计划要素

工作或研究之计划，应当有明确的要素，使人一目了然，清楚后期的行动方案。主要的计划要素有三个。一是做什么。即工作内容，要完成什么任务？抑或是要完成什么研究？实施什么社会服务？二是谁来做。即任务分工，谁牵头做？谁辅助做？是个体完成还是团队完成？是单个分支机构做还是几个机构协同做？三是依靠什么资源来做。需要什么设备设施？采用什么研究方法和工具？仅仅依靠内部力量还是需要外部力量支持？

2. 规范目标描述

规范目标描述是为了后期对照，方便提升评估工作效能。目标描述的核心是做得怎么样。需要注意几个方面：一是目标不能模棱两可，是完成还是基本实现？是结题还是结题并推广？这些都要清楚明了。二是目标不能简单地用水平描述的方式，而应该体现数量和质量要求。比如发表2篇论文属于数量描述，发表论文若干属于水平描述。发表1篇全国中文核心期刊论文属于质量描述，争取发表核心论文属于水平描述。

（二）监督阶段——过程维度

此阶段是工作坊项目运作的关键阶段。这个阶段的运行质量决定了最终的研究效果与成果质量。监督不是目的，真正目的是推动工作不折不扣地执行。过程维度是工作坊运行的主要维度，必须解决过程维度中发生的重点、难点问题。

1. 划定监督内容

监督不是口号，而要有具体的指标，这些指标要围绕研究过程来设定。主要的监督内容有三个方面。一是工作态度。即工作认可度、基本工作规范、工作激情等因素。作为个性化的研究工作，对某些坊员的工作态度应该有一定容忍度，允许其以个性化的方式完成工作，重点是要符合最终工作预期。二是工作进展。这是工作监督的核心内容之一。进展不畅，到后期再努力也于事无补。按既定进度开展工作或研究，能最大限度地保障研究的质量。因此，对工作进展的监督要及时，在工作之初就划定若干进度节点，不能等进度已近滞后才介入监督。三是工作效果。工作效果并不只是完成工作后才能显现，在工作推进过程之中，要及早监督工作效果，这样整个工作或整个研究项目的效果才能前后衔接、一以贯之。

2. 重视过程管理

过程管理始终是工作坊运作的重中之重。过程管理要抓住关键点，主要包括三方面。一是面临的困难。工作或研究推进过程中遇到什么挑战，需要增加哪些人力、物力，遇到什么瓶颈等问题，都要予以关注。二是突发的情况。遇到一些始料不及的情况，也是过程维度需要关注的。比如项目组成员因病不能继续研究，工作小组成员间发生冲突，工作坊成员产生倦怠等。这些情况都要在过程维度予以厘清。三是优化的策略。在过程推进中，一定会发现原先设计的方案有不合时宜之处，因此在监督阶段，要厘清思路，尽可能提供更优化选择。此点在下文方法维度会有所论及，此处不再赘述。

案例

教育协同创新工作坊坊员自律公约

（2020年6月6日工作交流会全体参会坊员表决通过）

一、考勤与请假

凡工作坊开展的正式活动（会议、培训、讲座等），指定参加坊员（含见习坊员、观察员等）履行如下约定：

1. 不迟到，在活动前2分钟到达会场，有序就坐。活动开始后未到达的，无特殊情况（若有特殊情况不能及时赶到，需提前与主持人反馈），一律按照迟到记录。

2. 因参加与工作坊安排冲突的活动（上课、实习、见习等）、生病、家庭重要事件、公事（学院会议、党员会议等）可以请假。

3. 请假需在活动前向工作坊导师说明请假理由及无法参与的会议名称，征得工作坊导师同意后将批假截图（含聊天截图）和电子版请假条交给所在年级纪委存档。

4. 来不及办理请假手续的坊员，必须在活动前发消息告知工作坊导师，事后找纪委补假。

5. 诚实守信，不捏造理由取得批假。

6. 一学期内请假累计超过2次，本人需手写200字读书笔记（阅读教育书籍）；无故缺勤1次，手写读书笔记500字以上。

二、通知与回复

1. 工作坊导师、管理人员或其他成员通过QQ群、短信等方式发布的通知、公告等，必须及时按要求回复。指定"组长""参会人员""定向人员"回复的，其余人员无须回复。

2. 因学习或其他事宜无法及时回复消息的，必须在当天22：00（如若通知在22：00后发出则在第二天22：00）前回复。如若出现手机故障、网络缺失等特殊情况，恢复正常后第二天主动说明情况，并向纪委报备。

三、工作与反馈

1. 根据时间节点，按时按质完成相应工作。

2. 如有特殊原因无法按时完成任务，需提前向工作坊导师说明，商讨后视情况延期完成或者终止任务。

3. 团结协作，不可将分内工作推给他人。布置到每个坊的工作任务，一般由该坊入学2年的坊主直接承担主要工作，入学3年的坊主有监督、指导、协助的义务，入学不到2年的坊主有参与学习的权利和协助的义务（如若任务没有按时完成，责任由直接完成人承担）。

4. 积极配合坊内宣传活动，三天之内转发QQ说说和微信推文（如无特别要求转发一天后可以删除）。

四、记录与劝退

1. 以上第一、二条由纪委记录并汇总，第三条由办公室主任或协调员记录并汇总，第四条由宣传组长记录并汇总。

2. 工作坊办公室主任每月1日在预培群统一公布上月考勤情况，包括请假、迟到、无故缺勤名单。

3. 逾期回复、不回复的名单，没有按时完成工作名单，将工作推给他人名单，不按时转发宣传说说和推文名单，由纪委、办公室主任或协调员、宣传组长每月 1 日汇总上报给工作督查小组（由办公室主任、纪委、协调员、宣传组长等人组成）及工作坊导师。

4. 达到以下条件的，经督查小组与导师共同讨论通过后，视为自动退出工作坊，不再享受坊员一切权利。

（1）无故缺勤累计 3 次。

（2）经过提醒后不回复通知且无正当理由的累计 3 次。

（3）在对应时间节点无故不完成工作任务且不说明的累计 3 次。

（4）将自身工作推给其他人，造成不良影响的累计 3 次。

（5）经提醒后没有按时转发工作坊宣传说说和微信推文的累计 5 次。（QQ 和微信选择宣传效果佳的一方转发即可，也可同时两个平台转发，但只记录常用平台的转发次数。）

五、例外与奖励

1. 坊员在核心期刊发表论文 1 篇或以上（含 1 篇），不受一至四条约束。

2. 入学 3 年后的坊员，主动为工作坊做贡献（积极完成分外任务，主动指导、协助低年级坊员等），为其提供一定的经济奖励、就业指导、物质支持等。

以上公约，超过三分之二坊员表决通过后生效。

（三）调适阶段——方法维度

在一定程度上，调适阶段也属于过程范围。将调适单列出来，是为了强调工作坊工作机制的灵活性和可操作性。调适依赖于策略，从具体实施上说，策略表现为具体的方法集合。在优化方法的基础上实现工作调适，提高研究效率，是四段四维工作机制的出发点。

1. 调适内容

无论是工作推进，还是开展研究，可调适的内容大致分为三类。一是可以降低难度的内容。这部分内容不会因为难度降低而影响整个项目质量。二是可以提供支持的内容。若因人手不够、资源不足、经费不充分等需要调适的，可归入此类。三是可以改变策略的内容。换个思路、换个角度能走出当前死胡同的，也可予以调适。总之，调适的目的不是降低标准，而是千方百计完成目标，不让既定目标变成镜中花、水中月。

2. 优化工作方法

优化工作方法，是调适的主要选择。方法是工具，是完成最终目标的支持系统。优化工作方法可从几个方面考虑：一是协同完成法。对于个体不能完成的任务，依赖群体完成。对于本分支机构不能完成的工作，可以适度调换其他机构人员完成。对于本工作坊不能完成的工作，可以寻求外部帮助完成工作。二是调整思路法。A方案行不通，可以换为B方案。既定方案不可靠，要当机立断选择备用方案。一种方案不能完成，可以尝试采用组合方案、多种方案。三是改变程序法。程序具有预设性、标准化特征。采用程序化方法有助于提高效率。但有时候程序化会带来操作惯性，降低实施过程的变通性和灵活性。遇到难解的问题，可以暂时中止既定程序，或者重新组合程序，或者增删部分程序。总之，变序之目的在于优化方法，实现目标。

（四）评价阶段——激励维度

评价阶段是工作坊项目运作的收官阶段。评价的目的很多，包括根据工作数量和质量予以劳务费发放，判断工作成效决定后续研究安排，甄别成员研究创新能力，等等。事实上，评价也不大可能完全在工作结束之后开展，有些评价必须提前介入，在过程中评价。有些评价还具有延时性，因为工作效能不会立即显现，需要时间的检验。就高校师生协同创新工作坊而言，不能仅仅看到其引领创新之功能，也要看到其教育之功能，通过评价来激励坊员投身创新、坚持创新、不懈创新。

1. 建立评价机制

评价不仅是一种手段，更重要的是作为一种机制，让参与人对此有所期待，看到积极反馈。建立评价机制应从四方面进行考虑：一是完成时间。时间是效率的表达，没有时间意识的研究，是漫无目的的。在既定时间内或提前完成了工作项目或研究项目，可在评价系统中予以奖励。二是工作量。量意味着投入时间的多寡。有些工作量大但效率不高，有些工作量小但成效较好。因此，对工作量的认定要考虑到工作的性质、工作的难度等因素。三是推进效率。完成工作的效率体现了工作娴熟程度，也体现了研究能力和方法的可靠性。将效率纳入评价体系，有助于凝聚研究资源，避免无效劳动。四是成果水平。成果是工作坊安身立命的根本。成果有层次之分，高层次的成果可以一当十，低层次的成果也可能由量变引起质变。因此，对不同层次成果要合理设置评价系数，尽可能科学。

2. 完善激励体系

激励是一个系统工程。激励不仅能给团队成员带来自我认同感，也能树立标杆，为其他成员提供正向参照。建立激励体系可考虑四种类型：一是及时激励。及时激励包括老师的鼓励语、物质奖励、作品展示，等等。及时激励具有时效性，能让被激励者快速看到反馈，这种反馈如果是正面的，又会反过来推动他以更大强度投入工作研究之中。二是定期激励。定期激励主要安排在学期或学年结束，形成惯例。定期激励让坊员有所期待，他们会在激励过程中总结得失、互相学习。三是专项激励。专项激励随项目进度而设立，同样具有时效性。专项激励让坊员对该项目更忠诚，投入度更高。专项激励主要以项目劳务、绩效的方式兑现，具有较强的刺激性。四是配套激励。配套激励是系统设计的，为工作坊长远发展谋划的支持策略。就高校师生协同创新工作坊而言，系统激励主要来自高校内部既定的学生考评系统。不少高校会以学期为单位，对学生的德育、智育、劳动、体育、美育等项目进行量化考核，评价结果用于学生奖学金、助学金、评先评优等事项。在设计工作坊的配套激励时，可将参加工作坊研究纳入智育加分项目，取得的研究成果、获得的竞赛奖励、参与的社会服务等项目，另外计入德育、智育等考评系统。此外，工作坊也可被视为类社团，参照或略高于社团加分标准给予坊员激励。

案例

师生协同创新工作坊坊员学期考核标准

一、考核目的

学期考核是督促坊员认真对待本坊事务、保持激情与活力、保证本坊正常运转的重要措施。此《标准》将作为正式坊员学期考核的文本依据。

二、考核对象

学期考核的对象是所有正式坊员。

三、考核内容

（一）出勤

1. 考核内容为请假、迟到、缺席三项。指定见习坊员参加的活动（会议、培训、讲座等），需要进行考勤。

2. 因参加与工作坊安排冲突的活动（上课、实习、见习等）、生病、家庭重要事件、公事（学院会议、党员会议等）可以请假。请假需提前向导师说明。

3. 活动开始后未到达会场则记为迟到。若有特殊情况不能及时赶到，需提前向主持人反馈。

4. 无故不参与活动记为缺席。

（二）工作态度

1. 根据时间节点，按时按质完成相应工作。

2. 如有特殊原因无法按时完成任务，需提前向工作坊导师说明，商讨后视情况延期完成或者终止任务。

3. 团结协作，不可将分内工作推给他人。

4. 入学2年的坊主直接承担主要工作，入学3年的坊主有监督、指导、协助的义务，入学不到2年的坊主有参与学习的权利和协助的义务。（如若任务没有按时完成，责任由直接完成人承担）。

5．积极配合坊内宣传活动，三天之内转发 QQ 说说和微信推文。

6．工作坊导师、管理人员或其他成员通过 QQ 群、短信等方式发布的通知、公告等，及时按要求回复。

（三）工作质量

1．按照要求完成或参与本部门工作，不滥竽充数。

2．圆满完成工作坊交办的其他工作，不敷衍塞责。

（四）创新水平

1．主动撰写、发表论文、著作，或参与课题研究，或参与社会服务项目。

2．工作过程中采用新思路、新方法。

四、考核程序

（一）自评（必需）

1．填写《坊员考核登记表》自评部分。

2．《坊员考核登记表》应包括出勤、工作态度、工作业绩等，并补充列举所完成的其余工作等。

（二）互评

1．填写《坊员考核登记表》互评部分。（非必需）

2．坊员互评应包含对坊员的等级评价，并能举例说明。

（三）导师意见

导师根据坊员的平时表现、自评互评等情况对坊员考核填写意见。

五、考核结果及使用

（一）考核结果

考核结果分为优秀、良好、合格、不合格四个等级。

（二）奖励

获得良好及以上等级的，可享受加分、物质奖励等。

（三）劝退

达到以下条件的，评为不合格等级，经督查小组与导师共同讨论通过后，对其做劝退处理。

1. 无故缺勤累计3次。

2. 经过提醒后不回复通知且无正当理由的累计3次。

3. 在对应时间节点无故不完成工作任务且不说明的累计3次。

4. 将自身工作推给其他人，造成不良影响的累计3次。

5. 经提醒后没有按时转发工作坊宣传说说和微信推文的累计5次（QQ、微信总和）。

（四）例外或延缓劝退

如有以下情况，经导师与督查小组讨论同意后可暂缓劝退。

1. 在核心期刊发表论文1篇或以上（含1篇），免予考核。

2. 达到劝退条件，但本人强烈要求继续参与研究，经导师与督查小组讨论同意可延长考核期，延缓劝退。

表 8－4 师生协同创新工作坊坊员 202 －202 学年度 学期考核登记表

被考核人：		所属分支机构：		
担任职务：		考核时间：202 年 月 日		
项目	情况登记	自评等级	互评等级	导师意见	综合等级

项目	情况登记	自评等级	互评等级	导师意见	综合等级
出勤	请假（ ）次； 迟到（ ）次； 缺席（ ）次。 说明：此项由纪委填写				
工作态度	将分内工作推给他人（ ）次； 拒不转发推文（ ）次； 拒不回复消息（ ）次。 说明：此项由督查小组填写				
工作质量	主持本部门工作（ ）次； 参与本部门工作（ ）次； 参与整个工作坊活动（ ）次。 说明：此项由自己填写	优秀( ) 良好( ) 合格( ) 不合格( )	优秀( ) 良好( ) 合格( ) 不合格( )	优秀( ) 良好( ) 合格( ) 不合格( )	优秀( ) 良好( ) 合格( ) 不合格( )
创新水平	撰写论文（ ）篇； 发表论文（ ）篇； 参与著作撰写（ ）部； 参与课题研究（ ）项； 参与创新竞赛（ ）项； 参与社会服务（ ）次； 构思论文或研究（ ）项。 说明：此项由自己填写				
其他工作	1. _____ 2. _____ 3. _____ 4. _____				

说明：此表是综测加分、见习坊员转正、劝退处理等的重要材料，请认真如实填写。

188

案例

高校师生协同创新工作坊各分支机构期末工作总结

一、预培学院

1. 学业规划表与保险单收集完成。

2. 完成期末的资料整理。

二、元培学院

1. 开展了两个专题小讲座，分别是"SPSS 积差相关分析"与"调查类论文呈现"。

2. 开展了 2020 届毕业生论文的基础培训。

三、论著工作坊

1. 完成了对西区自考本科毕业生毕业论文一稿、二稿的格式审核，并开展了内容修改意见指导。

2. 完成了 2020 届本科毕业生论文开题报告格式的审核，并安排了资料搜集、初稿、定稿的时间节点。

3. 督促了 2020 届本科毕业生准备开题答辩。

四、创竞工作坊

1. 开展了项目研究培训。

2. 形成核心小论文并修改尝试发表（针对自选项目）。

3. 完成了结项报告初稿并进行格式审查。

4. 完成了论文及结项报告定稿。

五、课程工作坊

1. 提交了平时成绩证明材料（考勤表、格言、朗诵、课堂表现等）。

2. 上交了课堂操作、讨论等有价值的学习资料。

3. 布置了平时作业并收集、评阅、计分。

4. 制定了班级的平时成绩构成说明并在全班公布。

5. 制定好作业的格式要求并且下发各学委。

六、研习工作坊

收集实习材料并上交（含实习平台资料上传及提问）。

实习中期检查：

1. 学生的实习内容、实习平台上传情况。

2. 学生的实习地点、实习岗位情况。

3. 老师的指导情况，老师指导学生撰写实习手册。

4. 实习学生实习手册填写情况，对收集的资料进行检查。

七、社会服务工作坊

1. 协助老师完成了小学数学节的衣服制作服务。

2. 协助老师完成了部分中译英服务。

八、生涯规划工作坊

1. 收集工作坊全体成员及老师的保险单。

2. 组织全体成员与老师一起进行一次自助聚餐。

3. 收集工作坊全体成员及老师的意见，购买工作坊坊服。

4. 要求全体成员读一本书（研究类书籍一本）。

5. 组织工作坊成员进行了一次读书交流会（关于读研究类书籍的收获）。

五、基于底线思维完善危机管理制度

高校师生协同创新工作坊的发展不可能一帆风顺。在发展道路上，一定会遇到各种压力、阻力，甚至是反推力。工作坊在设计之初，即应当考虑到风险控制，以危机管理思维为工作坊发展保驾护航。

（一）化解人力危机

高校师生协同创新工作坊的核心要素是人。人是最复杂、最不可测量、最难以解释的高级生命形式。如果发生危机，最大的危机也来源于人。化解人力危机，就是要提前预知、准确诊断、及时处理，将危机消灭在萌芽状态，不让其在工作坊弥散蔓延。

1. 坊员工作懈怠

坊员工作懈怠是最常见的人力危机。任何组织、任何人都会遇到懈怠问题。高校师生协同创新工作坊坊员工作懈怠的主要表现有三个方面。一是不愿主动承担工作坊研究任务。主动性降低的原因，一方面是进入工作坊时间较长，工作的新鲜感逐步消失。另一方面是坊员承压能力降低，缺乏内在驱动。二是不敢承担有挑战性的研究任务。这种畏难情绪产生的原因一方面可能是研究能力或研究方法不足，另一方面可能是害怕失败，不愿承担相应不利后果。三是对工作坊认同感降低。此种危机表现为对工作坊事务缺乏持久的兴趣，甚至滋生抵触感。其背后的原因一方面是工作坊影响坊员其他学业发展，另一方面是坊员没有成就感，对工作坊的价值产生怀疑。化解工作坊成员工作懈怠的策略有三个。第一，通过新的活动形式提升坊员工作积极性。工作坊在开展研究项目时要不断创新运作形态，可以采取项目负责制，也可以采取小组合作制，当然更多的是采取师生协同制。在具体研究过程中，可以采用研讨、沙龙、头脑风暴、讲座、漫谈等多种方式。第二，通过及时激励和外部支持激发坊员创新动力。提高坊员的高阶研究能力，依赖于坊员对自我能力的高度肯定。通过及时激励，让他们看到自己成长的轨迹，增强其自我认同感。此外，提供及时全面的外部支持，让坊员的研究工作不缺资源，不缺设备，不缺指导，也能提升坊员创新研究的内部动力。第三，通过成果梳理强化坊员归属感。出成果不仅是工作坊的目标，也是坊员的目标。工作坊要善于及时梳理成果，并将坊员在其中的贡献明示出来。一旦坊员认识到自己的工作价值，他的工作便有了成就感。这种成就感反过来又会强化其对工作坊的认同与归属。

　　2. 导师动力不足

　　导师是高校师生协同创新工作坊的支点。好的导师可以促进工作坊健康、快速发展，不称职的导师则会严重影响工作坊发展。工作坊导师动力不足的表现有三个方面。一是项目设计得过且过，甚至与前人研究简单重复。导致这一现象的原因多半是导师不能看到项目的产出效应，认为花大力气设计好项目也不能出成果。二是导师指导敷衍。对坊员的研究指导乏力，不主动开展研究培训。导致这一现象的原因可能是导师激情缺失，其背后深层原因是对工作坊研究的价值认同不足。三是导师不关心坊员发展。导师将更多精力放在自我项目的完成上，没有对坊员个体发展给予足够关注。导致这种现象的原因可能是导师没有获得感，认为指导坊员发展对自己用处不大。提升工作坊导师的工作动力，可以考虑以下策略：第一，强化产出效应，明确导师对工作坊研究成果或专利的所有权。只有导师投入，明确其产出归属，才能增强导师研究设计的前瞻性和可延展性。第二，对导师参与工作坊指导，给予适当的荣誉，包括在评先评优、教学改革、科研探索等方面给予导师充分认可。在情况允许下，可给予导师特别的补贴、津贴等，以强化导师的责任意识。第三，充分认可工作坊培养模式的价值。可以专项的形式，研究这一培养模式的理论意义和实践价值，并给予推广应用，以提高导师对人才培养尤其是坊员发展的投入力度。

3. 管理者支持乏力

外部支持是工作坊发展的重要资源。外部支持的重要一点是相关管理者的大力支持，因为他们掌握了工作坊发展所需的必要政策工具。工作坊因为是创新的人才培养模式，一定程度上存在管理者支持乏力的现象。管理者支持乏力主要表现在三个方面。一是不了解工作坊培养模式。其背后的原因是缺乏专业知识。行政管理者的专业或工作背景并不一定与教育专业相关。有的管理者甚至是非教育系统出身，可能对人才培养缺乏专业知识。二是不关心工作坊发展。其背后的原因是对本科教育改革发展态势不够清楚。行政管理者可能思维停滞在传统管理时代，对新时代本科教育要质量、要水平的大趋势认识不足，也不清楚从何着手提升本科教育人才培养质量，难免对工作坊这种新型的人才培养模式掉以轻心。三是不认可工作坊发展模式。大学之大，最外显的因素是师生规模大。大规模的学生如何培养？这种适度规模甚至小规模的培养模式能促进大学人才培养质量提升吗？对此，管理者可能心存疑虑。其背后的深层原因是管理者缺乏改革的勇气与活力，没有与时俱进，没有以发展眼光看待高等教育人才培养模式。消除管理者对工作坊支持乏力的现象，可考虑以下几方面策略：第一，系统培训相关管理者，补充其专业知识，尤其是鼓励高校人才培养岗位的管理者要从有专业、行业背景的教师中遴选。第二，工作坊主动作为，向有关管理者宣传这一培养模式。将这一培养模式的优势、成果呈现出来，争取他们的支持，逐步扩大工作坊的影响力。第三，形成鼓励改革、激励创新的良好氛围。事实上，只有善于创新的高校才能找到人才培养的最佳模式，从而在激烈的竞争中立于不败之地。

（二）破解工作风险

工作风险是指工作坊内部的工作推进障碍，即阻碍工作开展的各种阻力，这里仅从工作坊项目实施的角度讨论主要的几点表现。

1. 工作标准缺失

这里的工作标准有两个：其一是工作坊整体运作的标准，其二是具体研究项目的标准。工作标准缺失的表现有两方面。一是不知道目标是什么。对于工作坊来说，不知道要向什么方向发展，对具体项目来说，不知道最终的目标如何凝练。造成这种现象的原因是工作坊规划者宏观思维不足，没有将工作坊发展的远期目标、中期目标、近期目标梳理清楚。就具体的研究项目而言，也缺乏明确的目标导向意识，而代之以大概、差不多等经验性思考。二是不知道如何衡量质量。工作坊的发展状态，哪种是最佳的，哪种是不足的，对此没有明确的认识。对于一个研究项目的质量，不知道何种结果是优秀，何种结果是良好，何种结果是不合格。导致这一现象的主要原因是研究经验不足。工作坊成员大多是从一张白纸开始培养，他们普遍缺乏研究经验。此时导师是把控研究质量的主要因素。如果导师也对研究质量放任自流或是缺乏质量意识，则会出现质量标准模糊、质量意识单薄等现象。建立工作坊的工作标准，可从以下几方面考虑：第一，从工作坊和研究项目两个维度梳理目标体系。就工作坊而言，要在发展规划中汇中总列出 1~5 年的发展目标。就研究项目而言，要明确描述实现什么、达到什么、完成什么等，并且尽可能以数字等可量化的描述方式来呈现。第二，建立创新研究质量标准。这一质量标准的建立，工作坊可以在摸索中逐步形成，也可以借鉴其他平台、研究中心的已有资料，还可从文献角度加以研究，并转化为简洁、易理解、可对照的质量阐述体系。

2. 工作程序混乱

程序的可靠性，一定程度上决定了研究效率和研究成果的效度。因为工作坊坊员研究起点较低，因此需要制定程序给予指引。工作坊工作程序混乱的表现有三点。一是分工不明确。主要表现为分工随意，没有区分难易程度，没有根据坊员经验和特长进行分工等。造成这一现象的原因是工作坊导师或组织者缺乏人力匹配意识，没有让专业的人做专业的事，没有让合适的人做合适的事。二是步骤不清晰。无论是对于工作坊的行政管理，还是对于研究项目的专业管理，均没有相对固定、成熟的步骤划分。其背后的原因是工作或研究经验积累不够，相关资料储备不足。三是资源未整合。工作程序推进之中，必然需要整合各种资源。有些是内部资源，有些是外部资源；有些是人力资源，有些是设备等资源。导致这一现象的原因是管理者或项目负责人缺乏大局意识，容易从事务本身思考问题，没有形成全局、整体、多维的意识。应对工作程序混乱，可考虑以下几方面策略：第一，以岗位制强化分工。在工作坊招新结束后，公布各类岗位，包括行政岗位和专业研究岗位，让坊员自愿选择。工作一段时间后，根据坊员能力匹配程度和工作需要，进行岗位调整。第二，从行政管理和专业管理两个维度制定工作步骤。就行政管理而言，可以指定招新、活动、监督、评价等工作程序。就研究项目而言，可以指定选题、开题、实施、成果梳理、结题答辩等研究程序。第三，建立工作坊资源库。分门别类建立工作坊资源库，可以学期或学年划分节点，也可以依据类别建立资源库框架。此外，资源的搜集要及时，避免集中整理资料，也规避资料分类不清、提取困难的问题。

3. 工作效果不佳

工作效果事关工作坊能否长期运行。工作效果不佳的表现很多，主要有如下几方面：一是效率低下。表现为投入多，产出少，付出与成效不成正比。造成此现象的主要原因是工作指导或支持不足。二是数量不达标，关于论文、著作、专利、课题、产品等数量与预先设计不符。造成此现象的原因主要是目标设计偏差或实施过程监督缺失。三是质量不可靠。产出的产品或专利质量低下，或经不起市场与实践的检验。造成此现象的主要原因是研究设计缺陷或成果低水平重复。四是影响力不足。项目研究限制在狭小圈子，甚至自娱自乐，孤芳自赏。造成此现象的主要原因是合作研究、联合研究开展不足。五是对外推广乏力。本来极具市场价值或社会公益价值的项目没有及时宣传。造成此现象的主要原因是对外联系渠道不畅，或缺乏宣传推广资源。应对工作效果不佳的问题，可考虑以下几方面策略：第一，从项目设计之初就充分考虑内部的导师指导和外部的资源支持，并制定好时间节点，以提升工作效率。第二，严谨设计研究成果的数量，不拔高、不降低，并留有一定的拓展余地。第三，研究选题要慎重，做前瞻研究要考虑研究基础和实力，做跟踪研究要考虑研究创新和视角。第四，条件允许时尽可能开展联合研究、合作研究，提升研究的协同度。第五，建立内部宣传推广机制，扩大对外宣传力度，让研究成果焕发活力。

（三）应对发展挑战

工作坊发展不会一帆风顺，必将面对来自内部和外部两方面的阻力。先入为主、未雨绸缪，科学制定相关预案，当危机来临时可以从容不迫，有序应对。

1. 创新氛围淡薄

创新氛围淡薄是工作坊最大的敌人，主要表现在三个方面。一是导师没有创新引领意识。此处不是讲导师自身没有创新意识，而是其没有引领坊员创新的意识。有些高校教师自身创新能力较强，但如何带领学生创新，这是他们面临的难题。导致此现象的主要原因是导师知识结构单一，缺乏综合素养尤其是教育学、心理学方面的知识。二是坊员缺乏创新研究动机。此现象背后的原因前文已经分析，主要是价值认同不强与能力素养不足两方面。三是学校创新激励氛围不足。创新激励是一种强烈的刺激。缺乏创新激励氛围，会让创新工作者——导师或坊员感到前途渺茫，不足以支撑其从事高强度探索工作。造成此现象的主要原因是学校管理机制偏向，没有将创新纳入整体激励奖励体系。应对创新氛围淡薄的策略包括以下几方面：第一，遴选导师要考虑其是否具有教育学、心理学等背景。即使条件不允许，也要对导师开展必要的教育学、心理学培训。第二，坊员遴选要考虑其创新素养，坊员培养要考虑创新的基础能力与技能。在遴选阶段，无论是笔试，还是面试，都要考虑坊员的创新意识和创新基础。在培养阶段，可通过专题阅读、选题培训、合作研讨等方式提高其创新素养。第三，完善有关激励奖励机制，营造鼓励创新、褒扬创新的良好氛围。从学校、学院到各类平台均乐见创新、鼓励创新、支持创新。

2. 研究项目缺乏

项目是推动创新研究的主要载体，研究项目缺乏是导致工作坊平庸的主要原因。研究项目缺乏表现在两方面：一是极度依赖自创项目。工作坊缺乏纵向财政支持项目，或没有横向委托项目，只有自创项目可做。造成此现象的原因是工作坊合作导师、支持平台的项目申报能力不足。二是只有微小项目可做。从培养人才角度来说，工作坊坊员都是从小项目做起。但是工作坊长期没有具有较大影响力的项目，则不能产出标志性成果，影响工作坊对外形象和持续发展能力。应对研究项目缺乏可考虑两方面策略。第一，积极争取有关平台合作提供项目。对于与工作坊研究方向相同相近的各类平台、中心、研究所，工作坊都可以与之合作，承担其研究项目。第二，主动申报各类纵向、横向创新项目。以导师牵头，主动申报各类项目、课题，也承担各类纵向、横向课题之子课题。

3. 管理机制缺失

工作坊成于导师，败于管理。管理机制缺失主要表现在以下几方面：一是没有人力补充。主要是工作坊导师出现断层，原先的导师因各种原因离开或不再从事创新指导，工作坊则陷入停顿。其原因主要是工作坊没有系统地设计师资来源，存在随意性。二是缺乏持续经费投入。主要表现是经费时有时无，没有稳定的经费来源。背后原因主要是工作坊缺乏项目，而项目是经费主要来源渠道。三是内部管理随意。主要表现为松散型管理，依赖师生的自觉和情怀开展研究。主要原因是没有形成科学的内部治理机制。四是激励与自律机制缺失。主要表现在工作与研究具有自发性，缺少内部刺激和外部支撑。主要原因是没有建立长效发展的有关制度体系。弥补管理机制的不足，可以考虑以下几方面策略：第一，建立专业一致、取向相近、年龄有梯度的导师队伍。第二，通过平台合作、自创课题、对外合作、社会捐赠等方式多渠道获取工作坊运作经费。第三，在运作过程中逐步建立科学、高效、不折腾、不讲形式主义的工作坊内部管理体系。第四，全体坊员共同建立自律公约，在运作经费中划拨一定比例作为激励所用，及时奖励有贡献的坊员。

　　4. 成果转化空白

　　作为创新型组织，工作坊不一定要进行成果转化。但成果转化标志着工作坊成果的生命力和时效性。在条件允许的情况下，尽可能实施成果转化有助于工作坊研究方向的凝聚和稳定。工作坊成果转化空白表现主要包括两个方面。一是成果不能转化。即相关成果根本没有被延伸到应用或市场领域。背后的主要原因是成果本身不具转化价值，或者是工作坊缺乏转化能力。在应用型研究居多的情况下，后者的可能性更大一些。二是转化成果不能产生效益。即使转化了成果，也没有产生可观的经济效益或较大的社会效益。背后的主要原因是市场对接能力不强，或者是成果时效性较差。应对成果转化空白的策略主要有两点：第一，在项目设计时考虑成果转化因素。除了某些基础性的理论研究，很多创新研究尤其是人文社会科学领域的研究，都可以将成果转化作为明确的项目设计目标；第二，主动与行业接触，了解行业的最新发展动态，避免创新研究出现一产生成果就落后的尴尬境地。同时也为市场转化预留空间。

（四）治未病思维——工作坊危机管理的高阶形式

1. 预见工作坊风险

未雨绸缪，预见工作坊发展过程中可能面临的风险，有助于增强工作坊管理者的适应性，即使遭遇真正的风险也能气定神闲、从容应对。预见工作坊风险的方法主要有三个。一是工作坊运作之前充分考虑风险因素。成立工作坊之时，可以根据现有经验评估风险要素，并做必要的准备，有助于工作坊的长远发展。二是在项目研究及工作推进中捕捉风险信号。很多风险的爆发并不能太早发现，但风险的爆发需要累积，一定会提前显露蛛丝马迹。善于在研究项目或工作推进中发现风险苗头，并尽可能及时化解。三是在工作坊平稳发展中预估未来风险。尤其是在工作坊取得一定成绩，表面看起来事态良好之时，可能暗藏着风险潜流。在平稳中保留忧患意识，在发展中存有反思之心，是促进工作坊事业发展的压舱石。

2. 整体设计工作坊危机应对预案

不仅要有预见风险的能力，还应该有科学的应对体系及风险应对预案。根据工作坊的特点，其危机应对预案主要包括三类。一是工作应对预案及项目研究预案。工作坊推进中出现过程不畅、绩效不显等情况，要有简洁高效的处置预案。研究项目推进中遇到资源不足、设计不妥、实践不够等状况，也需要清晰合理的应对预案。二是人的风险预案和事的风险预案。主要包括坊员发展过程中的压力、业绩、成长等问题，要有积极处置的预案。还有工作坊突发事件带来的冲击，也需要有分门别类的预案设计。三是硬件需求预案与软件应对预案。主要包括研究场地、设备、设施等不足，损毁，灭失等情况的处置。还包括软件资源、记录文件、统计资料等材料出现问题的应对之策。

3. 以内涵建设增强工作坊风险抵御能力

风险可以预防，但不一定能百分之百躲避。加强工作坊内涵建设，让工作坊强大起来，是抵御发展风险的长远之策。推进工作坊内涵建设以抵御风险，主要思路有三点。一是培养坊员骨干力量。人是工作坊最宝贵的财富，只有培养了一大批工作坊骨干力量，他们才会在风险来临之时挺身而出，以毅力、智慧、坚持化解危机。二是实现工作坊自动自发运行。工作坊实现程序化发展，能减少内部能耗，避免不必要的小麻烦、小摩擦，也将一些小风险不知不觉地化解。三是巩固计划—实施—反馈—激励四位一体的管理闭环。风险的出现，不仅有内部因素激发，也可能有外部因素诱导。实施工作坊闭环管理，对工作坊事项的管理实现人、财、物的高度整合。大家专注于事的发展，少琢磨人的因素，这样就能形成就事论事、对事不对人的良好工作生态，有助于减少、淡化、消除发展风险因素。

案例

教育协同创新工作坊会议、活动应急预案

2019 年 9 月第一版

1. 原预定的教室、会议室等电脑无法打开或有病毒

会议主持人必须尽快到附近教室、会议室等，找合适的、电脑能用的教室、会议室等，且尽量在会议前找到。

2. 原预定的教室、会议室等被其他同学占用

会议主持人必须尽快到附近教室、会议室等，找合适的、电脑能用的教室、会议室等，且尽量在会议前找到。

3. 与其他老师会议时间冲突

优先安排最早的老师的会议，如果后面一个老师时间实在是无法排开、会议十分重要，根据我们会议的时间与重要性适当改变。

4. 主持人突然有事无法参加本次会议

原主持人在会议前选择一个合适的人替代主持人，原主持人把工作交代给主持人。

5. 指导老师突然有事无法参加本次会议

视指导老师在本次会议中的重要性，假如不是主导地位或核心地位可先进行会议，做好会议记录，会后由主持人或其他成员向指导老师转述会议内容；假如是主导地位或核心地位，推迟会议，另找合适的时间地点进行会议。

6. 大部分成员突然有事无法参加本次会议

推迟会议，另找合适的时间地点举行会议，若会议为紧急会议，可在 QQ 群进行线上会议。

7. 成员未准时参加会议

会议主持人及时与迟到成员联系，根据情况适当推迟会议或找与会人员给迟到成员传达会议内容。

第九章

高校师生协同创新工作坊的外部支持

一、经费支持

经费支持是高校师生协同创新工作坊必不可少的外部支持，其经费大致可从以下几类项目中获取。

1. 学科建设项目经费

学科建设项目是高校重要的创新平台。除了研究机构的项目之外，大多数学科建设项目都必然与学校人才培养挂钩。高校师生协同创新工作坊作为人才培养的试验田，学科建设项目可以重点支持或专项支持。

2. 专业特色建设经费

专业特色建设是高校人才培养的重要支撑。专业特色建设的目的，根本上是为人才培养服务。从专业特色建设经费中设置板块支持高校师生协同创新工作坊发展，能反哺专业建设，为专业特色化发展提供实践支持。

3. 教学平台资助经费

各类教学平台与实践性、应用型专业紧密结合。对于该类专业下设置的高校师生协同创新工作坊，可以予以资助，或通过项目合作的方式划拨经费，以支持师生协同创新。

4. 学校发展基金经费

学校发展基金不仅可用于办学条件改善和师资引进，也应当用于学生发展和人才培养。人才培养是学校办学水平的首要体现，高校师生协同创新工作坊作为人才培养的新模式，需要学校发展基金予以支持。

5. 教学改革项目经费

教学改革项目分为两类：一是高校教师申报的各类教学改革项目，包括高等教育教学改革项目、基础教育教学改革项目、职业教育教学改革项目等。二是学生申请的各类创新研究项目，比如大学生创新创业训练计划项目等，也可纳入高校师生协同创新工作坊的经费支持范围。此类项目经费的使用自主权主要在于学生，应符合相关财务规定。

6. 公共捐赠项目经费

社会团体、企事业单位、各类组织机构、个人等向高校捐赠的经费，有的无指定用途，学校可统筹使用，从中划拨支持高校师生协同创新工作坊建设。有些捐赠有指定用途，而且与高校师生协同创新工作坊建设目标高度吻合，可直接资助或通过项目申请的方式予以资助。

二、师资支持

前文已经论及高校师生协同创新工作坊的专家，这里只从不同角度进一步阐述。主要从师资构成和师资渠道两方面进行说明。

1. 师资构成

高校师生协同创新工作坊的教师资源，主要包括如下几类：一是骨干教师。这是工作坊主要的师资力量，是直接指导、运作工作坊的专业力量。二是咨询专家。咨询专家为工作坊发展提供方向性支持和疑难咨询，并不一定在现场介入工作坊事务。三是管理专家。管理专家可以为工作坊设计内部架构，从分工与效率的角度提升工作坊的运行效率。

2. 师资渠道

因为是新生事物，高校师生协同创新工作坊的师资渠道显得尤为重要。可从三个方面考虑师资渠道。一是分专业遴选。按专业选择工作坊师资可以确保创新方向的稳定性和延续性，实现工作坊可持续发展。二是自主申报。根据导师的兴趣和专长，结合其现有的研究项目和研究资源，高校师生协同创新工作坊为其匹配合适的创新方向。三是行业人员加入。这类师资主要从事实践创新和理论创新的转化与检验，可为工作坊注入新鲜活力。

三、场地设备

作为规范的创新机构，高校师生协同创新工作坊最好能实体化。

在其运作初期，尚不具备实体化的条件，可以通过多种渠道为其提供场地。从场地设备来说，需要学校为其提供相应的支持。

1. 入驻创新创业孵化园

高校已经普遍设立创新创业孵化园。但不少高校重视创业项目的场地保障，对创新机构则不够重视。创新创业教育是一个整体，创新是更基础、更重要的训练方式。在创新创业孵化园内，应当保障一定数量的创新机构或项目。高校师生协同创新工作坊显然具备入驻创新创业孵化园的条件。

2. 共享校内公共空间

高校的建筑布局不像政府机关和企业单位一样森严，往往留有一些改造或冗余的空间。高校师生协同创新工作坊对场地的要求并不十分严苛，可以合理改造一些校内空间加以利用。也可以与其他类似或同类的单位、机构共享办公空间，获得一席之地。

3. 提供必要办公设备

高校师生协同创新工作坊作为公益类的创新组织，其自身并没有充足的条件保障。工作坊办公所需桌椅、电脑、存储、打印、水电、网络等设施设备，都需要得到基本保障。在工作坊创新研究取得一定社会效益，能够支持自身良性循环发展的前提下，逐步减少对外界设备设施的依赖。

四、项目支持

项目是高校师生协同创新工作坊的主要运作载体。前文在工作坊运作策略之问题部分、经费支持之项目平台部分已经有所论述。

这里侧重从项目类别阐述专题化创新研究对工作坊发展的重要意义。

1. 教学改革项目

教学改革项目也有创新，而且是紧密结合学科、专业、课程来创新的。大到国家、省立项的改革项目，小到学校立项的改革项目，乃至学院、教研室、教师个体所做的教学改革，都可以纳入高校师生协同创新工作坊，成为其运作载体。

2. 学科建设项目

学科建设项目具有整体性、全局性。高校师生协同创新工作坊可以从全局性的学科建设项目中选择切入点小、关联性强的子项目予以研究。也可通过协作研究，实现与原学科建设项目的互补。

3. 创新探索项目

不少高校自立了很多创新平台，或是通过社会捐助成立创新研究平台。这些平台尤其鼓励创新研究。高校师生协同创新工作坊可以主动申报，或开展委托研究，凭借强大充足的支持力量实现发展。

4. 自主设立项目

高校师生协同创新工作坊可以自主设立常规创新项目或专题研究项目。自设项目观照了研究旨趣、研究基础和研究延续性，较容易产生成果。在外部项目不够充足，或外部项目与工作坊研究方向匹配度不高的情况下，沉下心来研究自设项目，也是较好的选择之一。

五、激励机制

靠个人的教育情怀、研究兴趣来支持高校师生协同创新工作坊长远发展，必将遇到一系列挑战。比如导师的职业生存压力、学生坊员队伍的稳定性、外部支持力度的恒定性等，都制约着工作坊的健康发展。从机制体制层面构建有利于创新发展的环境，才能长久地驱动工作坊良性发展。以下是几种主要激励机制。

1. 将学生创新成果纳入评先评优体系

学生在高校以学业发展为主要任务，创新研究是学业的升华。高校可以将学生在工作坊的经历折算成绩点，纳入第二课堂或选修课程体系。对于学生获得的创新成果，可以合并到学生智育、德育、综合等成绩排位，也可以在优秀学生评选、创新榜样评比、各类奖学金评定中考虑其创新贡献与能力。

2. 将教师指导成果纳入改革创新奖励

学问是高校教师的生命。在创新指导过程中，教师必然会积累学问、创造知识、重组认知。对于主动参与、积极指导高校师生协同创新工作坊的教师，学校应该不吝褒扬激励之策。正因为高校是社会创新发展的主要动力源，高校自身才需要极其重视创新、鼓励创新、重奖创新。

3. 培育、申报各级各类教学科研成果奖

高校师生协同创新工作坊从事的创新工作具有双重属性，一是科学角度的创新，二是发展模式的创新。这种模式本身就具有一定突破性和探索性。将工作坊所从事的创新与工作坊的发展结合起来，积极培育、申报教学科研成果奖，有利于形成归属感，促进工作坊利益相关方持续投入，使其良性发展。

六、宣传推广

在信息化时代，"酒香不怕巷子深"已经不合时宜。高校师生协同创新工作坊要获得强劲的发展驱动力，需要对外交流合作，宣传推广必不可少。高校师生协同创新工作坊主要宣传推广方式有如下几种。

1. 自媒体宣传

自媒体宣传已经成为当代信息传播的主流方式之一。高校师生协同创新工作坊可以通过 QQ 平台、微信公众号、在线网站等方式来展示创新动态，推广创新成果，也可以凭借实物展览、纸质宣传册等，结合线上自媒体进行二次传播。

2. 校内跨专业跨学院交流

高校师生协同创新工作坊的运作机制与项目创新，可以通过内部组织传播来扩大其影响力，同时也让这种人才培养模式在更大范围得到实施。跨专业、跨学院的交流，不仅是模式复制，也能提供互动交流机会，从而促进工作不断变革、持续创新。

3. 校外推广应用

校外推广运应用包括两个视角：一是作为培养模式的视角，为其他高校或组织提供参考；二是作为成果传播的视角，将工作坊的项目加以推广，开展成果转化和市场利用，或是进行专利转让等。

4. 媒体辐射推广

这是传统的传播方式。虽然其生命力日渐式微，但由于其传播渠道稳定，也有固定的受众群体，仍然可以作为工作坊宣传推广的选项。

案例

表 9－1　师生协同创新工作坊宣传事项

分支机构	宣传事项
元培学院	重要培训（如论文开题报告撰写格式及技巧、论文选题及检索等）
	专题小讲座（如 SPSS 积差相关分析、调查类的论文呈现等）
预培学院	招新
创竞工作坊	1. 竞赛获奖（如："互联网＋"比赛、挑战杯比赛等）
	2. 大创立项
	3. 大创开题
	4. 大创结题
	5. 大创论文书写培训（论文格式、问卷调查、大创论文框架等）
学习工作坊	优秀学生情况（综测名列前茅、国家奖、区奖学金、榜样等）
研习工作坊	1. 研习活动
	2. 实习培训（如：实习前试讲出现的问题及改进、实习疑难二十二问等）
论著工作坊	1. 稿件录用
	2. 论著发表
社会服务工作坊	对外合作项目
生涯规划工作坊	1. 团建活动
	2. 联谊
	3. 读书交流会

注：1. 工作坊全体坊员需要在 3 天内转发工作坊两个宣传平台的消息，转发完毕 24 小时后可删除。

2. 各分支机构工作坊宣传员需要在活动、事件等发生后的一天内上交新闻稿（100～200 字）以及 2 张原图照片。

3. 各分支机构工作坊宣传员需要检查工作坊坊员的转发宣传信息情况，并向宣传负责人汇报。

参考文献

一、著作类

[1] [德] 赫尔曼·哈肯. 协同学：大自然构成的奥秘 [M]. 凌复华，译. 上海：上海世纪出版集团，2005.

[2] 李志才. 方法论全书（Ⅲ）：自然科学方法 [M]. 南京：南京大学出版社，1995.

[3] 顾明远，檀传宝. 2004：中国教育发展报告——变革中的教师与教师教育 [M]. 北京：北京师范大学出版社，2004.

[4] 欧阳明. 做一名学习型教师——教师专业发展的务实行动 [M]. 上海：华东师范大学出版社，2010.

[5] [德] 沃尔夫冈·布列钦卡. 教育科学的基本概念：分析、批判和建议 [M]. 胡劲松，译. 上海：华东师范大学出版社，2001.

[6] [捷克] 夸美纽斯. 夸美纽斯教育论著选 [M]. 任钟印等，译. 北京：人民教育出版社，1990.

[7] [美] 理查德·斯格特. 组织理论 [M]. 丘泽奇，译校. 北京：华夏出版社，2002.

[8]［德］赫尔曼·哈肯. 高等协同学［M］. 郭治安，译. 北京：科学出版社，1989.

[9]［美］托马斯·萨乔万尼. 道德领导：抵及学校改善的核心［M］. 冯大鸣，译. 上海：上海教育出版社，2003.

二、期刊类

[10] 关晓辉等. 大学生创新创业教育的研究与实践［J］. 中国电力教育，2010（4）.

[11] 丁玉斌，刘宏达. 大数据时代高校创新创业教育的挑战、问题与对策［J］. 学校党建与思想教育，2018（21）.

[12] 董青，黄景荣. 安徽省工科高校创新创业教育人才培养现状及对策——以合肥工业大学为例［J］. 合肥工业大学学报（社会科学版），2017（6）.

[13] 马金平，胡玉翠. 高校创新创业教育改革探索与实践——以山东大学为例［J］. 继续教育研究，2020（3）.

[14] 全守杰，华丽. "强基计划"的政策分析及高校应对策略［J］. 高校教育管理，2020（3）.

[15] 建设一流本科教育：150所高校联合发出《成都宣言》［J］. 西部素质教育，2018（14）.

[16] 王瑶琪，尹玉. 加快建设高水平本科教育［J］. 中国大学教学，2019（5）.

[17] 沈小峰，郭治安. 协同学的方法论问题［J］. 北京师范大学学报（自然科学版），1984（1）.

[18] 张立荣，冷向明. 协同治理与我国公共危机管理模式创

新——基于协同理论的视角［J］. 华中师范大学学报（人文社会科学版），2008（2）.

［19］黄庆玲，李宝敏，任友群. 教师工作坊在线讨论深度实证研究——以信息技术应用能力提升工程教师工作坊为例［J］. 电化教育研究，2016（12）.

［20］郑碧波. 工作坊式协作学习教学模式研究［J］. 中小学心理健康教育，2010（16）.

［21］王雪华. 工作坊模式在高校教学中的应用［J］. 当代教育论坛（管理研究），2011（8）.

［22］黄越. 工作坊教学模式下的大学教师角色——以翻译课堂教学为例［J］. 大学教育科学，2011（6）.

［23］刘禹，王来福. 基于工作坊的高等教育实践教学体系的研究［J］. 东北财经大学学报，2009.

［24］郭朝晖. 工作坊教学：溯源、特征分析与应用［J］. 教育导刊. 上半月，2015（5）.

［25］盛湘. "创新工作坊"的理论基础与现实条件探析［J］. 石油化工管理干部学院学报，2017（5）.

［26］张翔，郑俊涛. 纽约科学院课程对国内 STEM 教育的升华——基于纽约科学院创新工作坊实践的体会与设计［J］. 中国信息技术教育，2017（19）.

［27］杨天挺. 学生技能创新工作坊的应用——以宁波职业技术学院海天分院为例［J］. 宁波职业技术学院学报，2012（1）.

［28］徐莉，王俊华. 对现行教学组织形式——班级授课制的再审视［J］. 河北师范大学学报（教育科学版），2001（4）.

[29] 胡成霞，李丹. 班级授课制在我国沿用不衰的原因探析 [J]. 教学与管理，2006（36）.

[30] 张立军. 当代基础教育课堂教学转型探究 [J]. 民族高等教育研究，2016（1）.

[31] 俞婷. 导师制：高职院校人才培养质量提升的新探索 [J]. 中国职业技术教育，2014（30）.

[32] 周萍，樊如放. 我国本科生导师制实行过程中存在的问题及对策 [J]. 教学研究，2002（4）.

[33] 李东成. 导师制：牛津和剑桥培育创新人才的有效模式 [J]. 中国高等教育，2001（8）.

[34] 杨红官，晏敏，曾云. 本科生导师制创新人才培养模式的探索研究 [J]. 教育教学论坛，2016（14）.

[35] 孔清泉，冯威，朱晓东. 地方本科院校学生导师制人才培养模式浅析 [J]. 教育现代化，2017（30）.

[36] 许敏，李岩. 高校本科生导师制创新培养模式探讨 [J]. 长春教育学院学报，2019（9）.

[37] 应飚，吕春凤. 扶持·引导·管理——浙江大学社团培育的思考 [J]. 中国高教研究，2004（12）.

[38] 张国胜. 论大学社团活动课程的教育价值 [J]. 浙江师范大学学报，2002（2）.

[39] 傅广宛. 非线性视角中的公共政策执行过程 [J]. 中国行政管理，2003（5）.

[40] 王涛. 群体动力理论视域下的高校创业教育模式研究 [J]. 教育与职业，2014（15）.

[41] 马瑞华, 王笑丹. 论群体动力理论在大班合堂教学中的应用 [J]. 大学教育, 2013 (13).

[42] 郑建春. 基于群体动力理论的高校创业教育方式 [J]. 中国高校科技, 2014 (11).

[43] 肖忠. 成就动机理论在"双师型"教师专业成长中的运用 [J]. 中小学德育, 2016 (4).

[44] 闫向连. 麦克利兰成就动机理论在成人高等教育中的应用 [J]. 中国成人教育, 2011 (19).

[45] 朱敬东, 彭慧. 基于成就动机理论的网络学习影响因素分析 [J]. 现代远距离教育, 2006 (3).

[46] 林书兵. 基于工作坊的实践教学模式的应用与探析 [J]. 现代教育论丛, 2014 (3).

[47] 葛桦. "实践教学工作坊"的设计与应用 [J]. 教育理论与实践, 2011 (18).

[48] 沈杰, 苟中华. 走出盒子——开放式国际工作坊的教学理念与实践 [J]. 建筑学报, 2008 (7).

[49] Brigette M. Hales, Laura Hawryluck. An interactive educational workshop to improve end of life communication skills [J]. *The Journal of Continuing Education in the Health Professions.* 2008, 28 (4).

[50] Heydenreich. Artistic exchange and experimental variation: studies in the workshop practice of Lucas Cranach the Elder [J]. *Routledge*, 1998.

[51] Erin Schoenfelder. Connor McCabe. Aurora Fife, Lisa Herzi,

Kym Ahrens. Research Brief: The Teen ADHD Workshop to Improve Adolescent ADHD Treatment Engagement [J]. *SAGE Publications*, 2020.

[52] Panetta, Roger. Innovation Workshop [J]. *R Panetta – Liberal Education*, 1973.

[53] Janel L. Ortiz, April A. T. Conkey, Leonard A Brennan, La Vonne Fedynich, Marybeth Green. Wild Bird Workshop: A Professional Development Opportunity forEducators [J]. *The American Biology Teacher*, 2020.

[54] 黄朝立. 论"生本教育"中"教师工作坊"的创建 [J]. 教育与职业, 2008 (8).

[55] 李明, 仲伟合. 翻译工作坊教学探微 [J]. 中国翻译, 2010 (4).

[56] 姒依萍, 邱美秀. 基于高职院校教师专业发展的"工作坊"课程创新与效果评估 [J]. 中国职业技术教育, 2020 (8).

[57] 文闻. 与乡村建设调研结合的工作坊模式对促进高校建筑类学生专业能力提升的实效性研究——评《应用型高校实践教学探索》[J]. 中国食用菌, 2020 (4).

[58] 柴文耕. 关于新闻传播专业工作坊的组建与实施——以西北政法大学新闻传播学院工作坊为例 [J]. 视听, 2020 (5).

三、学位论文

[59] 商慧. 高校创新创业教育模式研究 [D]. 南京理工大学, 2017.

[60] 鲁帅. 工作坊: 班主任专业发展的新路径 [D]. 华中科

技大学，2013.

［61］丘建发. 研究型大学的协同创新空间设计策略研究［D］. 华南理工大学，2014.

［62］吴亚书. 班级授课制的历史发展与德育改革研究［D］. 东北师范大学，2007.

［63］王晶晶. 我国大学社团管理模式创新研究［D］. 东北大学，2013.

［64］欧阳大文. 中美高校学生社团的比较研究［D］. 湖南师范大学，2007.

［65］季春晓. 教师工作坊中反思性实践的过程模型研究［D］. 华中师范大学，2019.

［66］徐燕丽. 基于在线教师工作坊的教师教研行为分析［D］. 华中师范大学，2019.

［67］曹子淳. "协同创新设计"工作坊产品设计创意模式及设计方法研究［D］. 广州大学，2016.

［68］李愈婧. 教师工作坊研修对中小学教师信息技术应用能力的影响研究［D］. 山西师范大学，2016.

［69］李娟. "工作坊"方式在小学版画特色课程中的应用研究［D］. 四川师范大学，2019.

［70］张小晶. 班主任工作坊成员在线参与研究［D］. 华中科技大学，2017.

［71］熊久明. 教师工作坊主题研讨活动设计与应用研究［D］. 华中师范大学，2017.

［72］查华魏. 工作坊教学方式下的小学陶艺特色课程教学研究

［D］．四川师范大学，2019.

四、报纸类

［73］依琰．高校"强基计划"进入实施阶段［N］．中国商报，2020 - 05 - 13.

五、网络文献

［74］关于创新创业的相关文件目录［DB/OL］．https：//wen-ku. baidu. com/view/28f2172fab8271fe910ef12d2af90242a995 ab11. html，2020 - 05 - 04.

［75］中华人民共和国教育部．教育部发布 2019 年全国教育事业发展统计公报［EB/OL］．http：//www. moe. gov. cn/jyb_ xwfb/s5147/202005/t20200521_ 457227. html，2020 - 05 - 21.

［76］佚名．爱荷华作家工作坊［DB/OL］．http：//writerswork-shop. uiowa. edu/，2020 - 06 - 04.

［77］佚名．调查问卷［EB/OL］．https：//baike. baidu. com/i-tem/调查问卷/10015839？ fr = aladdin，2019 - 02 - 19.

［78］教育莞家．东莞"公托民"试点获教博会 SERVE 提名奖，民办教育质量明显提升［EB/OL］．https：//www. sohu. com/a/355002308_ 177239，2019 - 11 - 20.

［79］考研英语大纲［DB/OL］．https：//baike. baidu. com/i-tem/考研英语大纲/4790114？ fr = aladdin，2020 - 06 - 27.

［80］考研政治大纲［DB/OL］．https：//baike. baidu. com/i-tem/考研政治大纲/1781756？ fr = aladdin，2020 - 06 - 27.

［81］2020 教育硕士 333 教育综合备考经验总结 ［DB/OL］.
https://bilin. wendu. com/jyss/jyfx/3622. html，2020 – 06 – 27.

［82］考研国家线 ［DB/OL］. https：//baike. baidu. com/item/
考研国家线/1108354？fr = aladdin，2020 – 06 – 27.

［83］考研复试流程 ［DB/OL］. http：//www. yanxian. org/html/
fsjy/6458. html，2020 – 06 – 27.

［84］刘美娟. 心理健康测试 20 题——最准的心理测试题 ［DB/
OL］. http：//m. gaosan. com/gaokao/240119. html，2020 – 06 – 27.

六、其他类

［85］国务院办公厅. 关于深化高等学校创新创业教育改革的实
施意见（国办发〔2015〕36 号）［Z］. 2015 – 05 – 13.

附　录

附录1：高校师生协同创新工作坊（教育学类）推荐阅读书目及理由

书名：《中国哲学简史》

作者：冯友兰

出版社：北京大学出版社

推荐语：《中国哲学简史》由杰出哲学家冯友兰于1947年在美国宾夕法尼亚大学讲授的《中国哲学史》英文讲稿整理而成。此书一经出版，迅速成为中国人乃至世界各国人民认识和了解中国哲学的入门书籍。谈及哲学，多数人认为"哲学"一词犹如带刺玫瑰，虽令人望而生畏，但始终因其独一无二的瑰丽而被打动，吸引人们想去触碰它，感受它的美妙。全书思路清晰明了，以全局视角贯穿主要内容，阅读之后对整个中国哲学脉络有醍醐灌顶之效，同时对个人的精神成长具有特别意义，是影响人一生发展的可读之书。

推荐人：冯美琪

书名：《教育的目的》

作者：怀特海

出版社：文汇出版社

推荐语：教育的目的是什么？这个问题我认为不论是学生、老师或家长都应该了解。细读怀特海先生的《教育的目的》，我相信你能从中收获答案。这是一本围绕教育的目的、教育的节奏、自由和训练的节奏、技术教育及其科学和文学的关系、古典文化在教育中的地位、数学课程和大学及其作用等方面展开论述的演讲论文集。精读此书后，作为学生，我认为书中的思想为我自身发展指引了道路；作为准教师，书中的理念为我今后教书育人点亮了明灯。

推荐人：李瑞婷

书名：《人间词话》

作者：王国维

出版社：长江文艺出版社

推荐语：《人间词话》在应用传统词话形式、概念、术语和思想逻辑的基础上，自然地融入了一些新观念和新方法，其总结的理论具有普世意义，在近代文学批评史上具有崇高的地位。作品集中体现了著名学者王国维先生的文学、美学思想，精义迭出。这是他成就最大、影响最广的一部作品，被傅雷先生称为中国有史以来最好的文学批评、古典诗学。中华文化博大精深、源远流长，诗词文化更是其中的精髓，作为中华民族的一分子，我们应该认识和了解我们的诗词文化，王国维先生的《人间词话》可以带领我们畅游中国古诗词的浩瀚海洋，是现代读者通向古典文学的纽带。读罢，你将明白古诗词来源于人间，却又高于人间。

推荐人：黎富权

书名：《中国史纲》

作者：张荫麟

出版社：吉林人民出版社

推荐语：张荫麟先生写的《中国史纲》可以说是历史学界的一本奇书，枯燥的历史在本书里显得生动活泼，就像有人将夏商至汉末的过往用诗意的语言编辑成故事在你的耳畔娓娓道来。最值得赞叹的是，本书虽然文采飞扬，但仍然保持着对学术的严谨，处处体现一本学术专著应体现的学术素养，对于先生写书时尚未定论的地方都保持着怀疑的态度，既展现了我们"可以确定的"，又展现了我们还"无法知道的"，给读者留下钻研的空间。英国哲学家培根说过："读史使人明智，读诗使人灵秀，逻辑、修辞使人善辩。"如果你渴望同时培养上述三种品质，不妨读一读这本书吧。

推荐人：朱一明

书名：《教育研究方法导论》

作者：裴娣娜

出版社：安徽教育出版社

推荐语：人人都讲研究，可我们是否真正理解研究的含义？现如今搞研究的人越来越多，有的是为了应付而研究，有的是为了研究而研究。说到底，教育研究就是用科学的态度去开展教育教学活动，因此，开展教育研究活动就更有意义。教书育人离不开研究，教学工作尤其如此，比如如何上好一堂课，首先要研究教材，其次要研究学生。虽然该书是理论性较强的读物，但是细细品读之后会发现它是一本很有价值的书，对于平常教育工作以及课题研究遇到的问题可以提供解决的思路。它引领我们用科学的方法去研究，用认真的态度去实践。

推荐人：凌钊兰

书名：《问卷统计分析实务：SPSS 操作与应用》

作者：吴明隆

出版社：重庆大学出版社

推荐语：在自学 SPSS 的过程中，我在图书馆阅读了许多关于 SPSS 基础入门、SPSS 统计方法及应用、SPSS 数据处理等相关书籍，而《问卷统计分析实务：SPSS 操作与应用》这一本书详细讲述了 SPSS 相关的完整操作步骤与使用程序，对于量表问卷的编制流程以及统计方法都有较全面的介绍，且一步步引导着使用者学习以 SPSS 进行问卷数据的处理与分析，是一本 SPSS 量化研究实务应用的参考书籍。因此我推荐大家读一读这一本书，操作详细，简单易理解，实用性强，上手比较快速，但是若是想学习高级统计不建议阅读此书。

推荐人：黎裕明

书名：《逻辑学》

作者：中国人民大学哲学系逻辑教研室

出版社：中国人民大学出版社

推荐语：听到"逻辑"一词，你是否感觉它像高岭之花，遥不可攀？其实逻辑就在我们身边。强权胜于公理，屈打成招，造成许多冤假错案，这在逻辑学中属于诉诸强力的谬误现象；赌徒越输越赌，却认为输多则赢，这忽略了事件之间的相互独立性；许多广告中宣传某洗涤产品去渍能力高达99.9%，可买回来的产品并没有宣传的那么好用，这其实是逻辑学中样本数据不可比的谬误。本书不仅涵盖了逻辑学基础理论知识，还辅以丰富的案例进行分析，从逻辑学研究思维形式层层深入，讲授了主要逻辑学分支、逻辑学的基本规律、证明与反驳、谬误等内容。读完这本书后，你将收获理性的逻辑思维，以新的视角重新审视悖论与真理；在琐碎如麻的信息中寻踪觅源抓住内容主干；于尝试中探索你眼中又新又美的世界。

推荐人：原旭辉

书名:《什么是教育》

作者：卡尔·雅思贝尔斯

出版社：生活·读书·新知三联书店

推荐语:《什么是教育》由雅斯贝尔斯著，邹进译。作者站在一个客观的角度详细介绍教育的产生背景、意义任务、必要性、过去现在与未来等；辩证地分析与教育相似的陶冶，分析两者的同与异；诠释教育及与教育相关的名词如文化、语言、权威等的关系。此书研究层次深入，全面地解答教育是什么。全文语言简明扼要，不仅为研究院、大学和学校的教授、教师和学生，也为社会各界有责任感的人士，尤其是商业、工业和政府机构中居领导地位的人士提供了极好的阅读材料。

推荐人：陈琳琳

附录 2：师生协同教学的动力机制及运行逻辑：协同学理论的视角①

李　健

［摘要］师生协同教学是指教师和学生共同参与教学活动，学生的学习动机由被动向主动嬗变，教师的教学行为由预设向重构转向，教学文化由封闭向开放彰显。师生协同教学与协同学理论高度契合。师生的交互课程理解力是协同教学系统的序参量，是支配系统的动力之源；课程理解力与教学资源、教学制度、教学环境等控制参量产生协同效应，是系统由混沌走向有序的动力过程；自主、自动、自律的自组织运动是师生协同教学的高级阶段，是体现系统协同质量的动力结果。师生协同教学在运行中需要凸显师生课程理解力的关键作用，发挥序参量及控制参量的协同效应，实现教学改进过程的自动自发。

［关键词］师生协同教学；动力机制；运行逻辑

德国物理学家哈肯（H. Haken）创立的"协同学（Synergetics）"意为"协调合作之学"。[1]"系统的行为并不是其子系统行为的简单叠加，而是所有子系统相互配合对整个系统的贡献，好像是

---

① 本文原载《黑龙江高教研究》2019 年第 11 期。

有指挥、有目的组织起来的。"[2]哈肯认为，协同是指系统之中各子系统合作、协调、联合的过程，系统通过协同来实现结构的有序化，并形成自组织行为。虽然协同学最先来源于自然科学的研究，但"协同学抓住了不同系统中存在的共性，用共同的数学模型去研究各个学科不同的现象，因而具有方法论的意义"。[3]协同学研究的对象是系统，这一对象必须具备复杂系统、开放系统、系统内部存在非线性作用、系统远离平衡状态、系统随机涨落等特征。[4]

一、师生协同教学的现实动因与重要意义

高校师生协同教学的现实动因在于破解教学浅表化难题。当前，不少高校教学浅表化，主要表现在两个方面：其一是学生学习参与度和主动性不高，部分学生以课程及格为终极目的，课程考试前临时抱佛脚现象普遍存在。其二是教师对课堂教学模式与教学艺术的关注度不够，大学教师往往注重知识体系，而忽略学生的学习起点及兴趣，一讲到底、缺乏互动并不是个别现象。破解本科教学浅表化的难题，要求高校教师进行反思性实践，从提高课程吸引力和丰富教学模式两方面提升本科教学质量。师生协同教学是创新高校教学模式的积极探索。

高校师生协同教学的重要意义在于为建设高水平本科教育提供路径。2018年6月全国本科教育工作会议提出加快建设高水平本科教育，全面提高人才培养能力。建设高水平本科教育的主渠道在教学，主阵地在课堂。具体而言，师生协同教学对提升本科教育水平有以下几方面意义：第一，提升学生对本科课程学习的参与度。通

过协同教学，将学生纳入教学的设计、运作、评估诸多环节，提高课程对学生的吸引力，提升学生的学习兴趣及参与度。第二，增强教师对本科课程的重构能力。教师不再是一本教案讲到底，而要根据需求调整教学目标、选择教学内容、进行动态实施，这有助于增强教师的课程理解能力及重构能力。第三，形成开放共享的教学文化。在协同教学的视角下，以学生为主体，以教师为首席，以师生间、生生间有效互动为特征，有助于形成开放共享的课堂教学文化。

二、师生协同教学与协同学理论的契合分析

师生协同教学是指教师和学生共同参与教学活动，将教学的主体从教师这个单一主体延伸到学生。与教师单向的教学行为相比，在师生协同教学系统中，学生学习动机由被动向主动嬗变，教师教学行为由预设向重构转向，教学文化由封闭向开放彰显。师生协同教学是一个关系和过程的存在，同时也是一个完整系统，它具备了协同学研究对象的全部要件。

1. 师生协同教学是一个复杂系统

对于教学而言，其本身并不只是一个单向的信息传输过程。它包含了对教学目标的确定、教学资源的选择、教学过程的实施、教学绩效的评价等环节，这本身就是一个极其复杂的过程。具体到师生协同教学，其对传统教学行为进行了较大程度的变革，教学目标需要师生共同确定，教学资源需要师生协同重组，教学过程不完全按预设的程序演化，教学绩效的评价也需要用发展的视角来开展。

与传统的教学相比，师生协同教学之设计、实施、监控、反馈、调整将更为复杂，是一个体现教育者、受教育者、教育资源交互作用的复杂系统。

2. 师生协同教学是一个开放系统

传统的教学也讲究协同，但大多是教师间的协同，即由两个或以上的老师共同教学。师生协同教学直接将学生作为教学的主体之一，学生不仅是被动的学习接受者，还是学习活动的设计者、建构者、改进者。在师生协同教学的视域中，不仅教学主体是开放的，整个教学过程也是开放的。整个教学过程，是一个开放对话的过程，教师与教学资源对话，教师与学生对话，学生与文本对话，学生与学生对话，还存在师生的自我对话，师生、教育资源之间的集体对话。显而易见，师生协同教学与传统教学方式比较，开放性是其显著特征之一。

3. 师生协同教学系统内部存在非线性作用

"如果自变量和因变量之间不呈现比例关系，不具备持续性特征以及线性特征，甚至运用常规逻辑也难以解释其变化结果，则称这种作用为非线性作用。"[5]在师生协同教学过程中，教学资源、教学主体、教学制度、教学质量等变量之间的关系比较复杂，难以用普遍的规律加以概括。因为学生的知识起点不同，教师的教学风格不同，教学支持条件的迥异，教学评价制度存在区域差异等，最终的教学质量难以有放之四海而皆准的归因。只有将具体的教学情景和自然状态下的教学条件结合起来，通过老师和学生因地制宜地选择教学策略，教学才会产生积极的效果。可以说，教学过程就是一个非线性的过程，师生协同教学自然涵盖其中。

4. 师生协同教学系统远离平衡状态

师生协同教学作为一种新的教学模式，与传统的教学模式相比处于非稳定的非平衡状态。在传统的教学模式中，教师是控制者，教学过程一般由教师主导，部分教师不大关注学生的学习需求和学习状态。师生协同教学要求教师和学生组成新的人力系统，教学资源变成可供重组的材料系统，教学过程由教师单向控制向师生共治转向。由此观之，师生协同教学更注重具体教学环境的变化，更关注人的学习起点，更在意教师、学生、教学资源之间的交互作用。显然，这种新的教学形态不能套用传统的程序和方法，需要教师和学生在教学实践中自主建构，即使完成某些教学内容的教学，下一次教学也不大可能有现成的可复制的教学设计。整个师生协同教学的过程，即一个不断打破平衡，不断由稳定走向非稳定，继而又走向稳定的动态系统。

5. 师生协同教学存在随机涨落现象

所谓涨落，是指系统内部各子系统产生局部运动或者局部耦合，加上宏观条件的随机波动，系统宏观量的瞬时值偏离其平均值，这时会出现系统状态的起伏。[6]有些涨落会得到其他子系统的协同，引发更大的涨落，就会推动系统结构有序发展，有些涨落得不到其他子系统的响应则会自然衰减。在师生协同教学的系统中，存在大量的随机涨落现象，比如教师对某些教学环节的特别设计可能会打破学生固有的思维定式，学生的不同的心理状态可能会影响学习的结果与质量，教学材料的难易程度会影响学习进度安排和教学方法的选择，等等。当然，这些涨落现象正是推动师生协同教学向有序、完善、高质发展的内在激发因素。

三、协同学理论之动力效应阐释

1. 序参量：对系统起支配作用的动力之源

哈肯认为序参量是控制事物演化的关键因素，演化的最终结构和有序程度都由序参量决定。序参量是系统相变前后所发生质的飞跃的最突出标志，它是所有子系统对协同运动的贡献总和，是子系统介入协同运动程度的集中体现。其功能在于描述系统在时间进程中会处于什么样的有序状态、具有什么样的有序结构和性能、运行于什么样的模式之中、以什么样的模式存在和变化等。[7] 简单地说，序参量是构成系统的众多子系统中起决定作用的要素。明确了序参量，也就找到了支配系统由混沌走向有序的动力之源。

2. 协同效应：系统由无序走向有序的动力过程

协同学理论认为，在一个开放、复杂的协同内部，各因素或子系统存在各种不规则的独立运动，也存在着某种彼此有关联的有序运动。在序参量的影响下，系统内部各因素或子系统的运动朝向同一个方向，且服从于系统的整体运动。此时，系统的协同效应开始出现。产生协同效应的关键在于，要找到系统中各要素或子系统彼此之间的相互作用关系，让序参量发挥最大引领作用，使各要素或子系统的关联作用得到强化，最终形成新的有序的系统结构。实质上，协同效应就是系统由无序走向有序的动力过程。

3. 自组织：体现系统协同质量的动力结果

协同学理论指出："如果一个体系在获得空间的、时间的或功能的结构过程中，没有外界的特定干涉，我们便说该体系是自组织的。

这里'特定'一词是指，那种结构或功能并非外界强加给体系的，而且外界是以非特定的方式作用于体系的。"[8]自组织是组织或系统无须外界指令而实现自行创生、自行组织、自行演化的。自组织是一个过程，也是系统协同的最终结果，是判定协同演化的效能和外在表现形式。从整个系统的演化路径来讲，自组织即体现系统协同质量的动力结果。

四、师生协同教学的动力机制分析

1. 师生的交互课程理解力是协同教学系统的序参量

首先，课程理解是教学过程的源动力。教学是一种现象，也是一个动态过程。在关系和过程中，其首要作用的必定是人，也即教师和学生。在教师和学生身上，什么因素能最大限度地激发教学的动能和保证教学的质量？笔者认为是对课程的理解能力。"课程理解是对课程现象、课程'文本'、课程事件之意义的解读过程，其着眼点不在于课程开发的具体程序，而在于对种种课程与课程事件的历史、现状与未来之意义的理解。"[9]教师有什么样的课程理解，才会产生相应的教学行为，学生对课程有何种程度的感受和经验，才会决定其学习的起点和方法。课程理解并不一定与教学实践相对应，但其隐藏在教学目标、教学内容、教学方法、教学评价等过程的背后，是体现教学水平和质量的关键因素。

其次，课程理解力在师生协同教学过程中起支配作用。在师生协同教学过程中，教学制度、教学条件、学习材料等因素也会制约教学的实施和结果。但是，只有课程理解力才能将这些要素联合起来。教师对课程的理解程度决定了他将设定何种强度的教学目标、选择何种难度的教学内容、采用何种有效的教学方法。学生对课程的理解力决定了他愿意以何种方式来参与、配合教师的教学，以及在教学过程中投入的力度和最终的学习效果。

而后，课程理解力的强弱决定了师生教学协同的强度。师生协同教学要求教师和学生必须配合，学生需要理解课程设定的目标和重点，教师需要清楚课程编制的逻辑和学生的学习起点。只有当教师的教学设计和学生的学习基础高度吻合，教学才会产生好的效果。课程理解能力越强，师生协同教学的效果越明显，反之亦然。

综上，师生的交互课程理解能力在师生协同教学系统中起核心、全局、先导性作用，是这一系统的序参量。

2. 序参量与各种控制参量协同促进师生协同教学有序发展

首先，师生协同教学的控制变量包括教学资源、教学制度、教学环境，等等。教学资源是实施教学的基础，包括文本、补充材料等等。教学资源的多寡和有效性，直接影响师生协同教学的设计水平。只有掌握尽可能丰富的教学资源，才能在教学过程中加以选择和组合。另外，教学资源的丰富程度，也影响到教师和学生对课程的解读能力，因为师生一般都是从教学材料中发掘出学习的意义。教学制度是对教学施加控制的外部制度，包括教学管理制度、教学评价制度、教学激励制度，等等。在师生协同教学过程中，师生合作的过程和结果，都受到教学制度的制约。因此，这一控制变量也会对协同教学产生一定影响。教学环境是实施教学的支持条件，包括教学技术支持条件和教学氛围，等等。教学技术尤其是信息技术，在一定程度上决定了师生协同教学的方式和效率。良好开放的教学氛围有助于师生协同不受外界干扰，在科学稳妥的限度中有序推进。明确师生协同教学的各种控制参量，有助于明确教学实践行为中各要素的相互关系，使各要素相得益彰，互相促进。

尔后，师生协同教学的序参量——师生的课程理解力通过涨落引领控制参量步调一致。课程理解力是师生协同教学的序参量，并不意味着其他参量会一以贯之地予以配合。在教学实践过程中，教学资源的作用可能会在某一阶段被放大，教学评价制度可能对教师的教学行为产生强烈的导向作用，教学环境的突变可能影响到既有教学设计的实施。这些现象，可以称为师生协同教学的涨落。从最终的教学结果来看，只有师生的课程理解能力能够调和、优化这些控制参量，才能使教学活动不受或者减少不利因素的影响，通过提升师生学习的主观能动性来弥补其他控制参量带来的教学偏移和不足。总之，在师生课程理解力这一序参量的引领下，师生协同教学会逐步寻找到一种相对稳定和规律的实现方式，从混沌走向清晰，从无序走向有序。

3. 理想的师生协同教学状态是实现自组织运动

师生协同教学的最高境界是实现系统的自组织运动。这一自组织运动是师生协同教学的高级阶段，体现为自主、自动、自律地运行。自主是针对师生协同教学的自我控制能力而言，即不容易受到外界干扰。师生协同教学是一个开放的系统，同时也是一个由不稳定趋向稳定的系统。在师生协同教学的有序阶段，师生协同教学的主动权被教师和学生共同掌握。如何选择教学目标、如何组织教学内容、如何实施教学过程、如何调整教学进度等，教师和学生都有较高的话语权。自动是针对师生协同教学的触发机制和内在动机而言，即实现了高度程序化。在时间维度上，什么时候开展教学活动，教学活动先做什么、后做什么，师生协同教学系统都有所规定。在空间维度上，教学过程中教师的任务、学生的分工、对教学环境的调适、对教学过程的调控，都有比较成熟的步骤和策略。自律是针对师生在协同教学中的自我约束而言，即养成了较为良好的师生合作教学习惯。在外部条件加强或减弱的情况下，师生协同教学的动机、目的、过程、结果等尽量不受或少受影响。总之，自组织运动是师生协同教学高度成熟的表现，也是开展师生协同教学的最高追求。

五、师生协同教学的运行逻辑

1. 凸显师生课程理解力的关键作用

课程理解力是师生协同教学的序参量，是协同教学的目标归属和价值归宿。在师生协同教学过程中，应当发挥课程理解力的关键核心作用，可以从以下几方面入手：第一，强化教师的课程领导力。在师生协同教学过程中，教师仍然是平等中的首席。教师对课程的领导能力，一定程度上决定了师生协同的设计能力和最终水平。强化教师的课程领导力，要求其拓展视域，以民主的心态来观照学生的学习动机和起点；在更广阔的空间审视课程的目的；以更开放的胸怀来建构动态的课程实施和评价。第二，激发学生对课程教学的参与意识。学生不再是课堂的收音机和复读机，也不再是固态知识的接受者和归依者。学生有勇气和老师一起讨论如何合理地确定教学目标，如何恰当地选择教学材料，如何科学地采用学习方式，如何公平地进行教学评价。当然，学生的参与程度和参与方式受到了其年龄、心理和社会环境的影响，这需要协同教学的首席——教师因地制宜地进行必要培训和引导。第三，寻找师生课程理解的重合部分。师生协同教学是一个复杂系统，相比较传统教学模式更难以把握，这是因为教学的主体由一个变成了两个。要确保师生协同教学有序有效，必须准确摸清教学的起点，并以此作为协同教学设计的逻辑起点。教学的起点不仅要考虑学生的既有知识基础、心理水平、操作能力，还要考虑教师自身的教学风格、教育艺术及对教学文本的把握能力。将学生和教师因素有效融合起来的，就是师生课程理解的重合部分。如果教学的目标、内容、方法、技术、评价等既为学生所接受，又能被教师所掌控，那么这样的师生协同教学就能水到渠成。

2. 发挥序参量及控制参量的协同效应

师生协同教学的实现，在于发挥系统中各因素的协同效应，包括序参量的支配效应和控制参量的合作效应。首先，发挥师生课程理解、教学资源、教学制度的交互作用。前文已经论及，师生的课程理解在协同教学中发挥着系统、先导、关键作用。从实践的角度来说，师生的课程理解是选择教学资源的基础。例如，有些简单的教学内容，对学生而言没有学习之必要，教学中可以删除。然而为了降低教学难度或者巩固学习经验，则可以增加教学内容或调整若干教学内容的顺序。教学制度也要有助于激发师生的课程理解水平。好的教学制度必须通过人的实践、为了人的发展。那么，教学管理制度就要有利于激发师生协同教学的热情，留有师生自主施展才华的空间，教学评价制度既要考虑到当前学生的学习结果，也要考虑到未来学生学习经验的成长。其次，逐步建立基本的师生协同教学模式，但不模式化。在序参量和有关控制参量的协同效应下，师生协同教学逐步有序，会逐步形成较为典型的模式。例如，可能形成全员协同模式，全体学生共同参与教学协同；可能形成领导支持模式，教师作为首席，科代表或学习带头人协同参与；还可能形成包括不同教学班级的交叉融入模式等。这些模式只是基本的类型限定，不能盲目模式化，从创新走向窠臼。最后，形成开放共享的教学文化。经历长期的磨合、调适、修正，师生在协同教学过程中会产生关于教学资源、教学制度等要素的行事方式和稳定的观念。此时，教学文化开始形成。这种教学文化，不同于传统教学模式下的文化，是基于师生开放、合作、共享的动态文化，这种文化的形成和成熟，也是协同效应水平的体现。师生协同教学效应越强，开放、共享的教学文化就越浓烈。

3. 实现教学改进过程的自动自发

本质上，师生协同教学是对现有教学模式的改进。按协同学理论，这一过程的最优境界是形成自组织。用师生协同的实践话语来讲，就是实现教学改进过程的自动自发。师生协同教学的自动自发，主要体现在三个方面。第一，自主参与。自主参与包括参与优化教学目标和优化教学流程等方面。对于课程标准或教师自主设定的教学目标，需要在师生协同教学过程中加以具体化。即教师预设的教学目标，要与学生的学习基础相匹配，可以通过师生共同修正教学目标的难易程度来实现。优化教学流程，是指师生协同教学的动态化实施，教师根据学生学习状态和反馈调整教学程序，增删教学内容，改变教学方式。学生不只是被动的接收者，也是教学步骤和程序的设计者、优化者、创新者。第二，自动调控。自动调控是指师生协同教学的检验、反馈、修正等环节由师生共同参与并养成自动检视的习惯。比如教学测验、学习作业、课堂展示、实践活动等，都可以由学生参与评价，并在教学组织内反馈给学习成员，在修正中不断优化。第三，自律发展。在师生协同教学视角下，教学过程不是千篇一律的，而是处处充盈着相机改变，这要求教师和学生都具有较高程度的自律水平。首先，教师要具备较强的教学重构能力。在师生协同教学中，因为学生这一动态因素的加入，教师固有的教学经验可能受到挑战，教师必须根据不同年龄、不同班别、不同区域的教学对象来改变教学设计。即使是同一个班级，先前的教学经验也不一定适用于当下的教学实践。这要求教师具有变革的勇气和技巧，时时处处关注教学的真实情景，逐步形成较为成熟的教学重构水平。其次，师生协同教学也要求学生具备较强的自我管理能力。从学习考勤、教学准备到学习技巧、自我评价等方面，都需要学生主动参与管理，并形成强大的自我约束能力。只有这样，师生协同教学才能从动机、方法、过程、结果诸方面形成合力，以自组织的形态加以呈现。

本文参考文献

［1］［德］赫尔曼·哈肯. 协同学：大自然构成的奥秘［M］. 凌复华，译. 上海：上海世纪出版集团，2005：1.

［2］李志才. 方法论全书（III）：自然科学方法［M］. 南京：南京大学出版社，1995：176.

［3］沈小峰，郭治安. 协同学的方法论问题［J］. 北京师范大学学报，1984（1）：91.

［4］张立荣，冷向明. 协同治理与我国公共危机管理模式创新——基于协同理论的视角［J］. 华中师范大学学报（人文社会科学版）2008（3）：11—19.

［5］傅广宛. 非线性视角中的公共政策执行过程［J］. 中国行政管理，2003（5）：33—36.

［6］王贵友. 从混沌到有序——协同学简介［M］. 武汉：湖北人民出版社，1987：69—75.

［7］Hermann Haken. Information and Self – Organization：A Macroscopic Approach to Complex Systems［M］. Springer – Verlag，1998：11.

［8］张华. 走向课程理解——西方课程理论新进展［J］. 全球教育展望，2001（7）：40—48.

附录3：师生协同创新工作坊学习记录表

时间：
地点：
主题：
主持人：
内容记录：

后　记

多年以前，我是一名小学教师。从小学走向大学，我最想感谢的人是谁？亲朋，师长，领导，还是自己？我的答案是学生。

在小学任教期间，是我工作最繁重的时候，又是求学最紧要的时期，还面临着来自家庭的严峻挑战。除了单位较为宽松的管理环境之外，我对当时的学校领导心怀感激。但这不是战胜阴霾的主要原因。我想是我对教育和学生的理解促使我决不轻言放弃。大约从2007年起，我认识到教师最主要的职责不是给学生做榜样，而是要组织发动学生。于是我开始了自己的实践，整个教育体系为"小学学习管理"。后来也出了相关著作，发表了一些文章，但并未引起很大关注。时至今日，面对高校师范类专业学生，我仍不遗余力地推介这一观点，并定期开展相关培训。近几年，在培训校长和老师的活动中，我持续地渗透或阐述这一主张：学生姓学不姓教，老师要调动学生学，而不是仅仅想着自己怎么教。

进入大学任教初期的我惴惴不安，因为我只会用教小学的方法：尽一切努力唤醒他们。效果出人意料，我想我是受学生欢迎的老师之一。大学生也需要被唤醒，他们普遍对未来感到迷茫，缺乏清晰可行的学业规划。更现实的是，当今关于大学制度的讨论注重宏观，注重理念，对大学教育的微观世界，对人才培养如何落地，对教学模式如何改革这些问题的研究还很不足，相当不足。

于是，我"网罗"了一部分学生，想带领他们规划未来，做点力所能及的小研究。我曾担心这些 20 世纪末出生的学生太新潮，将我的善意拒之千里，也担心这些"00 后"不按套路出牌，会让我心力交瘁。但我的担心都是多余的。他们善解人意，一启就发。于是我的想法扩张了、"膨胀"了。我希望做一点改革，通过师生协同的方式培养学生的创新思维和创新能力。然后，组织建立了，这就是教育协同创新工作坊的雏形。

教育协同创新工作坊属于高校师生协同创新工作坊的一种。工作坊是一种组织形态，优势在于规模适度、口授相传。协同是运作机制，将师生紧密结合在一起，为工作坊提供了生长发育的不竭动力。创新是一种价值取向，是高校师生组建工作坊的旨趣、路径与归宿。协同、创新、工作坊三者耦合，我希望为高校人才培养改革提供一种视角，为建设高水平本科教育和研究生教育提供一种选择，为当代大学生成人成才提供一种模式。这是《高校师生协同创新工作坊研究》的基本逻辑框架。

虽然从事高校师生协同创新工作坊的实践与研究时间并不长，但敝帚自珍，希望尽早总结一家之言，供人参考，同时也勉励自己不要妄自菲薄，于是有了写作本书的冲动。在本书写作过程中，笔者所主持的教育协同创新工作坊成员协助完成了部分工作。冯美琪、闭维维、黎裕明、蒙霄燕、李金兰、霍星如、张宝文、陈琳琳协助了文献的搜集；黎富权、黎裕明、冯美琪、张文静、朱一明、凌钊兰、陈小琦、黎晓乔、李瑞婷、陈玉兰、陈琳琳协助了案例的整理；冯美琪、黎裕明对部分文献进行了归类和初步整理；潘雪娟、朱广新、黄彬、周妙凤、闭维维、冯美琪、黎裕明参与了文稿的校对；冯美琪、闭维维、黎裕明、原旭辉、姚冰雁、江新桃等参与了终稿的编辑工作。向协助本著作完成的各位致以诚挚的谢意！让他们参与部分工作，其一有培训其基础创新能力之意，其二也是为高校师生协同创新工作坊培养建设者。尽管他们是稚嫩的，但他们是早晨八九点钟的太阳，希望在于他们。

写作之中，常想起三位恩师之言。每当认为自己写的不是洪钟大吕，怕有辱斯文之时，就想起四川师大唐代兴老师说的"你要敢想，只有想到了才能做到"。每当看到别人莺歌燕舞，自己孤灯清影时，就用刘永康老师说的"纠缠如毒蛇、执着如鬼神"来勉励自己。每当在浩瀚的文献之中不知所措、顾此失彼时，猛然记起华中科技大学李太平老师说的："书是读不完的，首先要读对自己有用的书"。诚哉斯言！

要感谢我的工作单位——玉林师范学院，她美丽、温婉、庄重。感谢玉林师范学院教育科学学院的陈庆文教授、梁钊华教授、田海洋教授、李国庆教授、陈赋光老师、谢清理老师、林统成老师、杨振芳老师等领导与同事，他们为我主持的教育协同创新工作坊提供了大力支持。在本著作的撰写过程中，我参考了相关资料、书籍和论文等，融汇了许多专家学者的观点，已经严格按照学术规范加以标注（未标注的均为本工作坊案例），在此向他们表示真诚的感谢！最后，要感谢新华出版社副总编辑徐光老师，她为此书的出版提供了莫大的支持与帮助，这也是此书能与读者见面的重要原因之一。限于笔者的水平和学识，本书错讹之处难免，衷心希望本书使用者给予我们宝贵建议和意见。本书作者联系邮箱为 lij510@163.com。

最后，感谢我的家人！守望相助、胼手胝足是家风，也是因缘。

是为记！

李健

2020 年 7 月